ADOLPHE JOANNE

GÉOGRAPHIE

DE LA

CORRÈZE

11 gravures et une carte

Joanne, Adolphe
Géographie de la Corrèze

39315

HACHETTE ET CIE

GÉOGRAPHIE

DU DÉPARTEMENT

DE LA

CORRÈZE

AVEC UNE CARTE COLORIÉE ET 11 GRAVURES

PAR

ADOLPHE JOANNE

AUTEUR DU DICTIONNAIRE GÉOGRAPHIQUE ET DE L'ITINÉRAIRE
GÉNÉRAL DE LA FRANCE

PARIS
LIBRAIRIE HACHETTE ET Cie
79, BOULEVARD SAINT-GERMAIN

1875

Droits de traduction et de reproduction réservés

TABLE DES MATIÈRES

Introduction.. III

DÉPARTEMENT DE LA CORRÈZE

I	1	Nom, formation, situation, limites, superficie...	1
II	2	Physionomie générale...................	5
III	3	Cours d'eau............................	6
IV	4	Climat.................................	17
V	5	Curiosités naturelles...................	18
VI	6	Histoire................................	20
VII	7	Personnages célèbres...................	29
VIII	8	Population, langue, culte, instruction publique...	30
IX	9	Divisions administratives...............	32
X	10	Agriculture............................	35
XI	11	Industrie..............................	37
XII	12	Commerce, chemins de fer, routes.......	41
XIII	13	Villes, bourgs, villages et hameaux curieux...	43

LISTE DES GRAVURES

1	Rose des vents...	VI
2	Boussole..	VII
3	Modèle d'une carte servant à expliquer les principaux termes géographiques...........................	IX
4	Bort..	9
5	Vallée et cascade de la Rue, près de Bort................	19
6	Château de Pompadour, au XVIIe siècle....................	21
7	Tulle...	23
8	Château de Bazaneix, près de Saint-Fréjoux-le-Majeur...	44
9	Brive...	45
10	Turenne..	47
11	Ussel..	51

Les épreuves de cette géographie ont été lues et corrigées par MM. Philibert Lalande, de Brive (archéologie et géologie) de Lépinay (histoire et géographie), Valery, libraire à Brive, l'abbé Poulbrière, professeur au séminaire de Servières, et Bouillaguet, libraire à Tulle.

PARIS. — IMP. SIMON RAÇON ET COMP., RUE D'ERFURTH, 1.

GÉOGRAPHIES DÉPARTEMENTALES

ÉLÉMENTAIRES

INTRODUCTION

L'étude géographique d'un département français doit, d'après les programmes officiels, commencer par l'étude de la commune où se trouve située l'école.

Chaque instituteur apprendra donc avant tout à ses élèves nonseulement ce qu'est une commune sous les rapports politique et administratif, mais quelles sont la situation, l'étendue, l'altitude ou élévation au-dessus du niveau de la mer, les divisions, les cultures, les industries, les transactions commerciales, les curiosités naturelles, archéologiques et artistiques de la commune dans laquelle il exerce ses fonctions.

Au point de vue politique et administratif, une **commune** est une fraction du territoire comprenant soit une ville, soit un ou plusieurs villages, hameaux ou écarts, et administrée par un maire, des adjoints et un conseil municipal.

Avant la fatale guerre de 1870, si imprudemment engagée et si malheureusement conduite, la France comptait 37,548 communes. Les traités de paix des 26 février et 10 mai 1871 et la convention additionnelle du 12 octobre suivant lui en ont fait perdre 1,689; il ne lui en resterait donc que 35,859, mais plus de 140 sections ayant été érigées en municipalités distinctes, le nombre total actuel (1874) dépasse 36,000.

Un certain nombre de communes réunies (en général 10) forment un **canton**, dont le chef-lieu, où ont lieu tous les ans les opérations du recrutement, possède une *justice de paix*.

Avant la guerre de 1870, la France comptait 2,941 cantons. Les traités ci-dessus mentionnés lui en ont fait perdre 97. Mais, comme

8 nouveaux cantons ont été créés, le nombre total est actuellement de 2,852 (2,857 en y comprenant des fractions de cantons cédés).

Un certain nombre de cantons réunis (8 en moyenne) forment un **arrondissement** dont le chef-lieu est le siège d'une sous-préfecture, à l'exception de celui qui, comprenant le chef-lieu du département, est le siège de la préfecture, d'un conseil d'arrondissement et d'un *tribunal de première instance*, jugeant à la fois *civilement*, c'est-à-dire les procès entre citoyens dans les cas déterminés par la loi, et *correctionnellement* les individus prévenus de délits qui n'entraînent pas des peines afflictives ou infamantes.

Avant la guerre de 1870, la France comptait 373 arrondissements ; elle en a perdu 14 : il ne lui en reste donc plus que 359 (362 y compris les arrondissements de Belfort, Saint-Dié et Briey, qui, bien que morcelés, ont conservé leur autonomie).

Un certain nombre d'arrondissements (3 ou 4 en moyenne) forment un **département** qui, administré par un préfet, un conseil général et un conseil de préfecture (tribunal administratif) est la résidence des chefs de services des administrations militaires, financières, postales, universitaires, des travaux publics, etc. Un certain nombre de chefs-lieux des départements sont en outre le siège d'archevêchés (17) et d'évêchés (67), de cours d'appel (26), et de cours d'assises et d'académies (16).

Avant la guerre de 1870, la France comptait 89 départements. Elle en a perdu 4 dont 1 seulement (le Bas-Rhin), cédé entièrement à la Prusse ; il ne lui en reste donc que 85 (87 y compris le département de Meurthe-et-Moselle, formé des parties restées françaises des anciens départements de la Meurthe et de la Moselle, et le territoire de Belfort).

Le chef-lieu du département de la Seine, Paris, est en même temps le chef-lieu ou la capitale de la France.

Ces notions générales rappelées à ses élèves, l'instituteur, qui dans la première année « a dû se borner à quelques notions sur le pays où se trouve située son école », expliquera, selon le programme officiel, ce que c'est qu'une carte et ce que sont les points cardinaux ; il expliquera ensuite sur la carte du département et sur celle de la France les principaux termes de la nomenclature géographique ; enfin il étudiera le département en commençant par la commune, puis en passant de la commune au canton, et du canton à l'arrondissement. Les éléments principaux de cette étude se trouvent réunis dans la Géographie ci-jointe, ainsi que le montre la table méthodique des matières :

INTRODUCTION.

I   1 Nom, formation, situation, limites, superficie.
II   2 Physionomie générale.
III 3 Cours d'eau.
IV   4 Climat.
V   5 Curiosités naturelles.
VI   6 Histoire.
VII 7 Personnages célèbres.
VIII 8 Population, langue, culte, instruction publique.
IX   9 Divisions administratives.
X   10 Agriculture.
XI 11 Industrie.
XII 12 Commerce, chemins de fer, routes.
XIII 13 Villes, bourgs, villages et hameaux curieux.

Les détails géographiques, administratifs, archéologiques et statistiques qui n'ont pas trouvé place dans cette géographie abrégée et spéciale sont réunis dans le *Dictionnaire de la France* par Adolphe Joanne [1], dont toutes les bibliothèques communales devraient posséder un exemplaire.

Pour faciliter aux instituteurs l'étude préliminaire de la commune où il exerce ses fonctions, c'est-à-dire l'explication d'une carte, des points cardinaux et des principaux termes de la nomenclature géographique, nous reproduisons ici, d'après la *Géographie élémentaire des cinq parties du monde* publiée par M. Cortambert, une rose des vents, une boussole, la carte des environs d'un collège et une carte des principaux termes géographiques, avec les explications qui les accompagnent.

Le côté de l'horizon où le soleil semble se lever, ou plutôt où il se trouve à 6 heures du matin, s'appelle *est*, *levant* ou *orient*. — Celui où il semble se coucher (c'est-à-dire où il se trouve à 6 heures du soir) est *l'ouest*, *couchant* ou *occident*. — Le *sud* ou *midi*, appelé aussi point *austral* ou *méridional*, est dans la direction où nous voyons, en France, le Soleil à midi. — Le *nord* ou *septentrion*, nommé aussi point *boréal* ou *septentrional*, est à l'opposé, et se reconnaît par les groupes d'étoiles de la *Grande Ourse* et de la *Petite Ourse*, situés de ce côté. — Ce sont les quatre *points cardinaux*. On les désigne ordinairement par ces abréviations : N., S., E., O.

Il y a quatre *points collatéraux* : le *nord-est*, entre le nord et

---

[1] *Dictionnaire géographique, administratif, postal, statistique, archéologique, etc., de la France, de l'Algérie et des Colonies*, par Adolphe Joanne, 2ᵉ édition, entièrement revisée et considérablement augmentée. Un volume grand in-8 de 2700 pages à 2 colonnes, broché, 25 fr.; cartonné, 28 fr. 25 c.; relié en demi-chagrin, 30 fr.

INTRODUCTION.

l'est ; — le *nord-ouest*, entre le nord et l'ouest ; — le *sud-est*, entre le sud et l'est ; — le *sud-ouest*, entre le sud et l'ouest.

Les points cardinaux et les points collatéraux forment ce qu'on appelle la *rose des vents*.

S'orienter, c'est retrouver les points cardinaux et collatéraux. Pendant le jour, il est facile de le faire au moyen du Soleil, qu'on voit à l'est à six heures du matin, au sud à midi, à l'ouest à six heures du soir, au sud-est à neuf heures du matin, au sud-ouest à trois heures du soir.

La nuit, on peut avoir recours à l'étoile Polaire, située au nord, dans la Petite Ourse.

Rose des vents.

On se sert aussi de la *boussole*, petit instrument dont la pièce principale est une aiguille aimantée, suspendue sur un pivot où elle tourne librement, car cette aiguille a la propriété de diriger l'une de ses pointes au nord et l'autre au sud.

Sur les dessins nommés *cartes*, qui représentent la Terre ou quelques-unes de ses parties, on a coutume de placer le nord en haut, le sud en bas, l'est à droite et l'ouest à gauche.

Il y a, sur la Terre, des terres et des eaux. Les plus grands espaces de terre sont les continents.

Les *îles* sont des terres moins grandes, entourées d'eau de tous côtés.

Plusieurs îles rapprochées les unes des autres forment un *groupe d'îles.* — Quand il y en a un très-grand nombre, cette réunion se nomme *archipel*.

Les *presqu'îles* ou *péninsules* sont des espaces de terres environnés d'eau *presque* de tous côtés.

Un *isthme* est un espace resserré entre deux masses d'eau.

Les *côtes* sont les bords des continents et des îles.

Les *caps*, les *pointes* et les *promontoires* sont les avancements des côtes.

Les *plaines* sont de grands espaces de terrain plat.

Un *champ* est un terrain ordinairement cultivé en céréales, en pommes de terre et en d'autres plantes propres à l'alimentation des hommes ou à leurs vêtements.

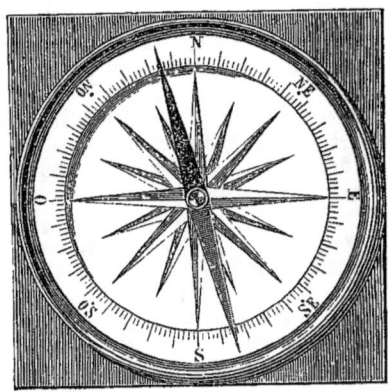

Boussole.

Un *pré* ou une *prairie naturelle* est un terrain couvert constamment d'herbes destinées à la nourriture des animaux.

Les *prairies artificielles* sont formées de plantes à fourrages qui n'occupent que momentanément des terrains où l'on cultive ensuite des céréales, des pommes de terre, etc.

Un *bois* est une assez grande réunion d'arbres.

Une *forêt* est une très-grande réunion d'arbres.

Les *déserts* et les *landes* sont des plaines arides. On appelle *oasis* les petits espaces fertiles qui s'y trouvent.

Les *monts* et les *montagnes* sont de grandes hauteurs; les *collines*, les *monticules*, les *buttes* sont moins élevées. — On appelle souvent *côte* le penchant d'une hauteur et quelquefois la hauteur tout entière.—Les *dunes* sont les collines sablonneuses des bords de la mer.

Le *sommet* est le point le plus élevé d'une montagne; le *pied* en est la partie la plus basse.

Une *chaîne de montagnes* est formée de plusieurs montagnes réunies les unes aux autres.

On nomme *plateaux* des territoires élevés et plats, souvent entourés ou couronnés de montagnes, et quelquefois formant le sommet de certaines montagnes.

Les penchants d'une montagne ou d'une chaîne de montagnes s'appellent *flancs*, *revers* ou *versants*. On appelle aussi *versant* tout un grand territoire incliné vers telle ou telle mer.

Un *défilé* ou *col* est un passage étroit entre deux sommets de montagnes ou entre une montagne et la mer.

Les *vallées* et les *vallons* sont des espaces profonds qui se trouvent entre deux montagnes ou entre deux chaînes de montagnes.

Les *glaciers* sont les amas de glace qui couvrent certaines parties des hautes montagnes.

Un *fleuve* est un grand cours d'eau qui va se jeter dans la mer. — Une *rivière* est un cours d'eau qui perd son nom en se joignant à un autre; cependant, quand un cours d'eau qui se rend directement dans la mer n'est pas considérable, il s'appelle *rivière*.

Un *ruisseau* est un très-petit cours d'eau.

Les *torrents* sont des cours d'eau très-rapides et qui, ordinairement, n'existent qu'à certaines époques de l'année, aux moments des grandes pluies ou de la fonte des neiges.

La *rive droite* d'un cours d'eau, fleuve, rivière, ruisseau, torrent, etc., est celle que l'on a à sa droite en descendant le lit de ce cours d'eau; la *rive gauche* est la rive opposée.

La *source* d'un cours d'eau est l'endroit où il commence; son *embouchure*, celui où il se jette dans la mer. Plusieurs embouchures s'appellent aussi *bouches*. Le territoire compris entre la mer et les branches d'un fleuve se nomme *delta*.

On nomme *estuaires* les larges embouchures de certains fleuves.

L'endroit où deux cours d'eau se réunissent est un *confluent*.

Les *affluents* d'un cours d'eau sont les divers cours d'eau qu'il reçoit.

Les deux rives d'un cours d'eau s'appellent *rive droite* et *rive gauche*.

Le *bassin* d'un fleuve est le territoire arrosé par ce fleuve et par ses affluents, et entouré d'une ceinture de hauteurs appelée le partage des eaux ou *ligne de faîte*.

Une chute d'eau se nomme *cascade* ou *cataracte*.

Un *canal* est un grand fossé où l'on introduit de l'eau, principalement pour y faire circuler les bateaux.

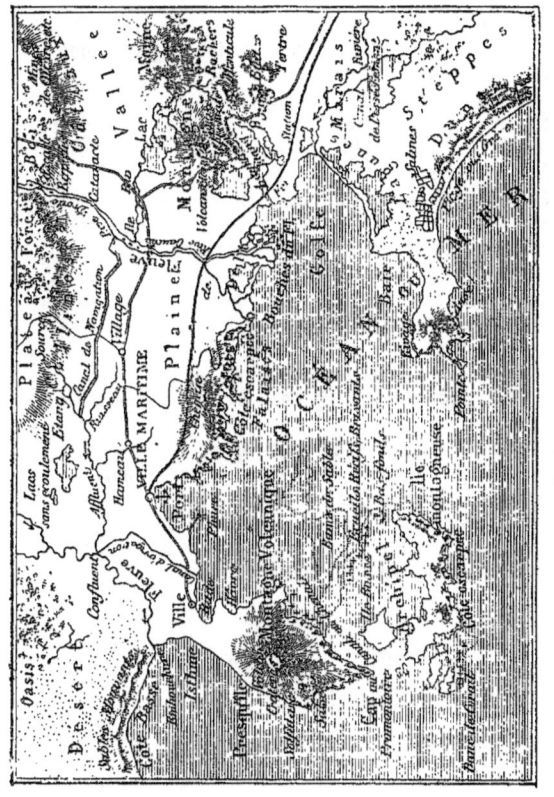

Modèle d'une carte servant à expliquer les principaux termes géographiques.

Les *lagunes* sont des espèces de lacs placés près des côtes et communiquant avec la mer. On les appelle souvent étangs;

Les *étangs* sont de petits lacs artificiels.

Les *lacs*, de grands amas d'eau placés au milieu des terres ;

Les *marais*, des amas d'eau peu profonds situés dans les terres ;
Les *mares*, les plus petits amas d'eau.

Les *chemins de fer* et les *routes* composent, avec les canaux et les cours d'eau, les principales *voies de communication* à travers les terres.

La plus grande partie de l'eau répandue sur le globe terrestre forme ce qu'on appelle la *mer*. (La France est entourée par la mer de trois côtés.)

Les *océans* sont les plus grands espaces de mer.

Une *mer* est un espace moins grand qu'un *océan*.

Les *golfes*, les *baies*, les *anses* et les *rades* sont des avancements de mer qui pénètrent dans les terres.

Les *ports* ou *havres* sont des avancements plus petits, propres à servir d'asile aux vaisseaux.

Les *détroits* sont des espaces de mer resserrés entre deux parties de terre. On donne souvent aussi à un détroit le nom de *canal*, ou ceux de *passe*, de *passage*, de *raz*, de *pertuis*, de *chenal*, de *goulet*.

Des rochers placés au milieu de la mer et dangereux pour les navigateurs s'appellent *écueils*, *récifs*, *brisants*.

Les espaces sablonneux qui se trouvent dans l'eau et qui sont également dangereux pour la navigation, se nomment *bancs de sable*.

Avec ces notions préliminaires, les dessins et cartes qui les accompagnent et les renseignements divers contenus dans la géographie ci-jointe, chaque instituteur pourra facilement, selon les prescriptions du programme officiel, « étudier le département en commençant par la commune, puis en passant de la commune au canton, et du canton à l'arrondissement ».

Adolphe Joanne

DÉPARTEMENT

DE LA

CORRÈZE

I

Nom, formation, situation, limites, superficie.

Le département de la Corrèze doit son *nom* à une rivière qui n'est point la plus grande de son territoire, mais qui en arrose la partie centrale, et qui en baigne les deux principales villes, Tulle et Brive-la-Gaillarde.

Il a été *formé*, en 1790, de la plus grande partie du *bas Limousin*, portion du **Limousin**, l'une des provinces qui constituaient alors la France.

La Corrèze est *située* dans une région intermédiaire entre le centre, l'ouest et le midi de la France : d'une part, un département seulement, la Creuse, la sépare du Cher, qui occupe le centre de la France; d'autre part, deux départements, la Dordogne et la Gironde, la séparent de l'Océan Atlantique; enfin, il suffit de traverser trois départements, le Lot (ou le Cantal), l'Aveyron et l'Hérault pour aller de la Corrèze aux bords de la Méditerranée. Son chef-lieu, Tulle, est à 597 kilomètres au S.-S.-O. de Paris par le chemin de fer, à 400 seulement à vol d'oiseau. Le département de la Corrèze est traversé, dans sa partie orientale, vers Ussel, par le degré 0 du méridien de Paris, et dans sa partie méridionale par le quarante-cinquième degré de latitude : il est donc exactement situé dans la zone essentiellement tempérée du Globe, c'est-à-dire à égale distance du Pôle et de l'Équateur, séparés l'un de l'autre, comme on le sait, par 90 degrés ou par un quart de cercle.

La Corrèze est *bornée* : au nord, par les départements de la Creuse et de la Haute-Vienne; à l'est, par ceux du Puy-de-Dôme et du Cantal; au sud, par celui du Lot; à l'ouest, par celui de la Dordogne. Le plus souvent ses limites sont conventionnelles; toutefois il a aussi des frontières naturelles : ainsi, à l'est, le cours profondément encaissé du Chavanon et celui de la Dordogne, le séparent du Puy-de-Dôme, puis du Cantal, sur 45 kilomètres, les petites sinuosités de ces deux rivières non comprises. Au sud-est, c'est la Dordogne, qui coule dans des gorges plus larges que celles du Chavanon, mais plus profondes encore et plus pittoresques, sert encore de limite avec le département du Cantal sur une longueur de 35 kilomètres environ; au sud, ce sont les défilés où serpente la Cère, défilés compris entre le territoire de la Corrèze au nord, et le territoire du Lot au sud. A l'ouest et au nord, quelques lits de rivières, quelques cours de ruisseaux forment aussi çà et là une frontière naturelle au département de la Corrèze, généralement sur de courts trajets.

La *superficie* de la Corrèze est de 586,609 hectares. Sous ce rapport, c'est le 53e département de la France : en d'autres termes, 52 seulement ont plus d'étendue. Sa plus grande *longueur*, prise du nord-est au sud-ouest, entre l'endroit où le Chavanon commence à toucher le département et celui où la Vézère cesse tout à fait de lui appartenir, dépasse 120 kilomètres. Sa *largeur* varie entre 30 kilomètres (un peu à l'est d'Ussel) et 90 kilomètres (de la frontière du département de la Creuse au cours de la Cère). Enfin, son *pourtour* a 380 kilomètres environ, en ne tenant pas compte des sinuosités secondaires.

II

Physionomie générale.

Le centre de la France est occupé par de hautes montagnes, dont les plus élevées se dressent dans l'ancienne province d'Auvergne : le Puy de Sancy, dans le département du Puy-de-Dôme, a 1,884 mètres d'altitude ; le Plomb du Cantal, dans le département du Cantal, en a 1,858. Ces deux cimes, et beaucoup d'autres d'une altitude moindre, s'élèvent dans la vaste région naturelle qu'on a appelée le **Plateau Central**, région qui comprend en tout ou en partie un grand nombre de départements.

Le département de la Corrèze, qui touche précisément aux deux départements renfermant les plus hauts sommets du Plateau Central, au Puy-de-Dôme et au Cantal, fait aussi partie de ce Plateau, mais il est loin de posséder des cimes comparables au Puy de Sancy ou au Plomb du Cantal.

Une de ses montagnes, le **mont Audouze** ou **Odouze**, a longtemps passé pour le mont le plus haut de la Corrèze et du Limousin tout entier. On donnait 1,364 mètres à ce mamelon qui s'élève au-dessus du plateau de Millevaches, à la source de la Vienne, à droite de la route de Tulle à Aubusson. Mais le mont Audouze n'a que 954 mètres, et n'est pas le point culminant du département.

Cet honneur n'appartient même plus au **mont de Meymac**, qui se dresse au N. N. O. de Meymac, à une petite distance de la source de la Vézère, à gauche de la route de Tulle à Aubusson. Haut de 978 mètres, le mont de Meymac dépasse le mont Audouze de 24 mètres ; mais il est lui-même inférieur de 6 mètres à son voisin le **mont Besson**.

Cette altitude de 984 mètres, — bien qu'elle soit environ quatorze fois plus grande que la hauteur du clocher de Tulle, monument le plus haut du département, — n'est guère que le cinquième de l'élévation du Mont-Blanc (4,810 mètres), en Savoie : le Mont-Blanc est d'ailleurs la plus haute montagne, non-seulement de la France, mais encore de l'Europe, non compris le Caucase, qui a quelque chose comme 800 mètres de plus, mais qui est une chaîne asiatique autant qu'européenne.

Au nord du mont de Meymac s'étend le **Plateau de Millevaches**, haute plaine très-mamelonnée, peu féconde, très-froide en hiver à cause de son altitude généralement supérieure à 800 mètres. Son nom lui vient d'un village insignifiant situé sur la route de Tulle à Aubusson, au nord du mont de Meymac, au sud du mont Audouze, et non pas, comme on l'a dit, du nombre très-considérable de vaches qui broutent ses pâturages. Il donne naissance à trois grandes rivières, à la Vienne, à la Creuse, à la Vézère, et à des affluents de la Dordogne.

Au midi de la Vézère, au sud du bourg de Bugeat, au sud et à l'est de la ville de Treignac, les monts corréziens prennent le nom de **Monédières**. Les Monédières n'ont pas tout à fait la hauteur du mont de Meymac ou de l'Audouze, puisque leur plus haute cime n'atteint que 920 mètres, mais elles sont plus mouvementées que le plateau de Millevaches. Sans produire comme lui de grandes rivières, elles sont fort riches en sources, et elles envoient de nombreux ruisseaux à la Vézère et à la Corrèze. C'est au travers d'un de leurs contre-forts, à quelques kilomètres à l'ouest de la petite ville de Bugeat, que le premier de ces cours d'eau forme la belle chute appelée Saut de la Virole.

Si du pied des Monédières on se dirige vers le sud-ouest, c'est-à-dire dans le sens général de la pente du pays, comme l'indique assez le cours des grandes rivières, on voit les hauteurs s'abaisser de plus en plus, et se transformer enfin en collines de 300 ou 400 mètres dans le voisinage des frontières de la Dordogne et du Lot. Dans le sud du département, sur les limites du Cantal, l'élévation du sol est plus forte, puisqu'elle atteint 600 et 700 mètres. Dans le nord, sur les frontières de la Creuse, à l'est du plateau de Millevaches, un certain nombre de cimes varient entre 800 et 900 mètres, et par conséquent le cèdent de peu aux sommets les plus élevés du département.

Ces plateaux, ces montagnes n'ont rien de volcanique, mais à l'est du département, au-dessus de Bort et de la rive droite de la Dordogne, se dressent les fameuses *Orgues de Bort*, hautes colonnades phonolithiques, dont le sommet domine de 560 mètres le confluent de la Dordogne et de la Rue. Ces roches volcaniques sortirent jadis des flancs d'un volcan du Cantal : la Dordogne, en coulant sur le plateau qu'elles formaient, a fini par séparer du reste de la masse volcanique la magnifique rangée de colonnes des Orgues de Bort. Ces roches ont 780 mètres d'altitude, et de leur crête on contemple avec admiration un des plus beaux panoramas de la France centrale; derrière, et tout près, une cime non volcanique atteint 860 mètres.

Dans l'ensemble, le département de la Corrèze est donc un plateau accidenté par de petites montagnes, que presque toujours l'élévation de leur piédestal transforme, pour les regards, en simples collines. Ce plateau s'abaisse vers le sud-ouest et vers le sud : en qualité de haute plaine, il offre le plus souvent à la vue de longues et monotones campagnes, qui malheureusement sont généralement déboisées ou dont les forêts sont petites et de chétive venue. En vertu de leur altitude, ces plaines, très-froides en hiver, au moins dans le nord et le centre du département, se prêtent mieux aux pâturages qu'aux cultures, et celles-ci ne prospèrent pas toujours dans une terre froide de sa nature et insuffisamment réchauffée par le soleil. Ce pays, souvent très-fertile et très-beau, l'est surtout dans les vallées profondes qui sillonnent le plateau, et spécialement dans celles de la Dordogne, de la Vézère et de la Corrèze : étroites, rudes, infertiles autant que remarquablement pittoresques dans le nord et l'est du département, ces trois vallées sont larges, gracieuses, fécondes dans le sud et le sud-ouest, vers Argentat, Beaulieu, Brive et Larche.

III

Cours d'eau.

A l'exception de quelques communes du nord du département, dans les cantons de Sornac, de Bugeat et de Treignac, communes qui, au nombre de cinq ou six, dirigent leurs eaux vers la Loire, toute la Corrèze appartient au bassin de la Dordogne, l'un des deux grands cours d'eau qui forment le fleuve de Gironde. Aussi des 587,000 hectares en nombres ronds qui composent le département, le bassin de la Gironde, c'est-à-dire l'ensemble des terrains qui envoient leurs sources à ce fleuve, réclame-t-il pour sa part près de 560,000 hectares, ce qui ne laisse même pas 20,000 hectares au bassin de la Loire.

La **Gironde** est formée, à une vingtaine de kilomètres au-dessous de la grande ville de Bordeaux, par la réunion de la Garonne et de la Dordogne.

La **Garonne** est le plus long des deux cours d'eau, en même temps que celui dont le bassin est le plus vaste, et la masse d'eau la plus grande. Née en Espagne, dans les Pyrénées, près de la plus haute montagne de cette chaîne, la Maladetta ou Néthou (3,404 mètres), elle entre bientôt en France, et elle y baigne Toulouse, Agen et Bordeaux.

Quand elle rencontre la Dordogne au Bec-d'Ambez, son cours est de 575 kilomètres, son bassin de 5,600,000 hectares, tandis que la Dordogne n'a guère coulé que pendant 480 à 500 kilomètres, dans un bassin de 2,340,000 hectares. En apparence, les deux grandes rivières se valent, leur largeur étant à peu près la même (plus d'un kilomètre), et leurs eaux vaseuses ne permettant pas de reconnaître quelle est la plus profonde ; mais, en réalité, le volume d'eau que roule la Garonne est supérieur à celui que roule la Dordogne : en temps de très-grande crue, il passe par seconde plus de 12,000 mètres cubes, soit plus de 12 millions de litres dans la Garonne, et seulement 5,000 à 6,000 dans la Dordogne; en temps d'*étiage*, c'est-à-dire quand les eaux sont aussi basses que possible à la suite de longues sécheresses, l'une et l'autre rivière se valent à peu près, si même la Dordogne n'est pas un peu plus abondante que la Garonne : elles ne débitent alors que 40 mètres cubes par seconde environ. Quant au *module*, c'est-à-dire à la quantité moyenne déduite de tous les débits de l'année, il est plus fort pour la Garonne que pour la Dordogne, celle-ci ne fournissant guère que 500 mètres cubes d'eau par seconde, celle-là plus de 650.

La Gironde, qui continue à la fois la Garonne et la Dordogne, est un estuaire ou, si l'on veut, un golfe allongé, extrêmement vaseux; sa longueur, du Bec-d'Ambez à l'Océan Atlantique, est de 75 kilomètres; sa largeur, qui varie, est au maximum de 12 kilomètres. Cet estuaire, navigable pour les plus grands vaisseaux de guerre, au moins dans sa partie inférieure, s'ouvre sur la mer à Royan, ville de bains de mer très-fréquentée, à quelques kilomètres du phare célèbre qu'on appelle la Tour de Cordouan.

La **Dordogne** appartient, pour une partie de son cours, au département de la Corrèze, tandis que la Garonne passe fort loin du territoire corrézien. Elle prend sa source dans une montagne presque deux fois moins élevée que les Pyrénées, tout en étant la cime culminante de la France Centrale : cette montagne est le Puy de Sancy (1,884 mètres), dans le département du Puy-de-Dôme.

La Dordogne est encore un petit torrent, lorsque, quittant le département du Puy-de-Dôme, elle commence à toucher le territoire de la Corrèze, au confluent du Chavanon. Elle coule d'abord directement au sud, dans des gorges dont le fond renferme des mines de houille (bassin de Monestier-Port-Dieu); au-dessous de Bort, au pied des *Orgues*, elle rencontre la Rue, qui est peut-être plus considérable qu'elle, et qui, en tout cas, lui impose sa direction. Après avoir baigné la colline qui porte les ruines du château de Madic, elle s'enfonce dans des gorges qu'on classe parmi les plus remarquables de la France :

elles sont, en effet, très-profondes (jusqu'à 250 mètres), très-resserrées, creusées entre des roches escarpées, et la rivière elle-même y est très-pittoresque, tantôt très-étroite, lente et profonde, tantôt plus large, rapide et coulant dans un lit encombré de rochers. Ces défilés ayant trop peu de largeur pour laisser place à de larges prairies ou à des champs cultivés, on n'y trouve pas de villages et fort peu de hameaux.

Au-dessous d'Argentat et du confluent de l'importante Maronne, ces gorges se changent en une vallée étroite encore, mais cependant assez ample pour enfermer enfin des prairies et des cultures, et pour entretenir quelques villages. Puis la rivière entre dans le beau bassin de Beaulieu, agréable, fertile et peuplé; mais à peine y a-t-elle pénétré qu'elle quitte le département de la Corrèze pour entrer dans celui du Lot, dont elle traverse la partie septentrionale.

C'est par environ 550 mètres d'altitude que la Dordogne commence à longer le département de la Corrèze; c'est par un peu plus de 100 mètres qu'elle l'abandonne pour aller passer, à Floirac, sous un grand viaduc du chemin de fer de Paris à Toulouse, baigner la plaine de Souillac, puis pénétrer dans le département de la Dordogne, qu'elle traverse dans toute sa largeur. Au-dessous des beaux rapides du Grand-Toret, du Saut de la Gratusse et des Porcherons, elle baigne la ville de Bergerac; à Castillon, déjà entrée dans le département de la Gironde, elle commence à devenir sensible à la marée; à Libourne, c'est un fleuve très-large et très-vaseux; à Cubzac, elle a plus d'un demi-kilomètre de largeur, et plus d'un kilomètre à sa réunion avec la Garonne, à une petite distance au-dessous de la ville improprement appelée Bourg-sur-Gironde. Ses principaux affluents sont : la Vézère, qui précisément a la plus grande partie de son cours dans le département de la Corrèze; et, à Libourne, l'importante Isle, augmentée de la haute Vézère, rivière en partie corrézienne, et de la Dronne.

Dans le département de la Corrèze, la Dordogne reçoit le Chavanon, le Doinon, la Rue, la Diège, l'Artaud, la Triou-

Bort.

sonne, la Luzège, la Sombre, la Glane, le Doustre, la Souvigne, la Maronne, la Ménoire. Hors du territoire départemental, la Cère, le Palsou, la Sourdoire, la Tourmente, la Vézère et l'Isle lui apportent le tribut d'une grande partie des vallées corréziennes, la Vézère, notamment, au bassin de laquelle appartient la moitié de tout le département.

Le *Chavanon* est un affluent de droite; il ne fait que côtoyer le département, et nulle part il n'en dépend par ses deux rives. Formé dans le département de la Creuse, il se grossit d'un certain nombre de déversoirs d'étangs : séparant ensuite longtemps le Puy-de-Dôme de la Corrèze, il passe à 4 kilomètres d'un chef-lieu de canton, Eygurande; puis, après avoir constamment occupé le fond de gorges granitiques çà et là pittoresques, il va s'unir à la Dordogne au-dessus de Port-Dieu, à un peu moins de 550 mètres d'altitude (c'est à partir de ce confluent que la Dordogne borde le territoire corrézien). Quand il rencontre la Dordogne, le Chavanon pourrait lui disputer le premier rang, sinon pour sa masse d'eau, au moins pour la longueur de son cours : il a, en effet, parcouru 50 kilomètres, et la Dordogne, 40 seulement.

Le *Doinon* ou *Doynon*, ruisseau de 25 kilomètres de longueur, commence à quelques kilomètres au sud-ouest d'Eygurande, et se perd près de Monestier-Port-Dieu : c'est un tributaire de droite.

Sur ses 65 kilomètres de cours, la *Rue*, tributaire de gauche considérable, n'appartient au département de la Corrèze que pour 3 ou 4 kilomètres : elle y entre un peu au-dessous de la célèbre cascade du Saut de la Saule, haute de 8 mètres seulement, et va doubler la Dordogne, à Saint-Thomas, au-dessous de Bort, au pied des Orgues, par un peu plus de 400 mètres. La Rue a ses sources dans le massif du Puy-de-Sancy, comme la Dordogne elle-même.

La *Diège*, longue de 55 kilomètres, n'a guère que sa source dans le département de la Creuse, au sein de montagnes dépassant 900 mètres, et tout le reste de son cours appartient à la Corrèze : elle coule au pied de la colline de Sornac, chef-lieu de canton, au pied de celle d'Ussel, chef-lieu d'arrondissement ; puis, passant de sa vallée de prairies dans des gorges sauvages et profondes, elle arrive à la Dordogne, au-dessus de l'ancienne chapelle de Valbenette, perdue dans un austère défilé de la rivière. Son principal tributaire, la *Sarsonne* (30 kilomètres), qui vient aussi de la Creuse, passe également au pied du coteau qui porte la ville d'Ussel. La Diège est un affluent de droite.

L'*Artaud*, affluent de droite, est un ruisseau qui débouche en aval de la chapelle de Valbenette.

La *Triousonne*, affluent de droite, a ses sources à une petite distance de Millevaches, dans des montagnes d'un peu moins de 900 mètres : elle coule vers le sud-est, à peu près parallèlement à la Diège, touche la colline qui porte la vieille église de Saint-Angel, puis pénètre dans des gorges tortueuses, profondes, désertes. Avant de s'unir à la Dordogne, elle passe à 5 kilomètres en ligne droite de Neuvic, chef-lieu de canton, mais cette bourgade se trouve sur un plateau extrêmement élevé au-dessus du cours de la Triousonne. La longueur de cette rivière est de 50 kilomètres.

La *Luzège* présente les mêmes caractères que la Diège et la Triousonne : elle a, comme elles, une cinquantaine de kilomètres de développement; elle leur est parallèle, et, dans la partie inférieure de son cours, elle serpente également dans des gorges d'une grande austérité et qui ont jusqu'à 300 mètres de profondeur. Elle naît au pied du mont de Meymac, arrose le vallon de Meymac, chef-lieu de canton, passe au bas du plateau de Lapleau, autre chef-lieu de canton, et rencontre la Dordogne en aval des ruines de l'abbaye de Valette. C'est un tributaire de droite.

La *Sombre*, affluent de droite, qui se perd dans la Dordogne un peu au-dessous de la Luzège, n'a aucune importance.

La *Glane*, affluent de gauche, aussi peu important que la Sombre, a son origine dans les landes du petit pays qu'on nomme la *Xaintrie :* elle passe à Servières, ancien chef-lieu de canton, qui a cédé ce rang à Saint-Privat.

Le *Doustre*, affluent de droite, rappelle la Diège, la Triousonne et la Luzège (auxquelles il n'est pas tout à fait parallèle) par la nature de son cours, qui commence dans un vallon évasé sur un plateau et se termine dans d'étroits défilés granitiques. Sa longueur est également d'une cinquantaine de kilomètres. Il naît dans des monts de 800 mètres d'altitude, passe près d'Égletons, chef-lieu de canton, et à la Roche-Canillac, qui est également un chef-lieu de canton, et se jette dans la Dordogne à 2 ou 3 kilomètres au-dessus d'Argentat.

La *Souvigne*, tributaire de droite, a son embouchure en aval d'Argentat, à une faible distance en amont du confluent de la Maronne. C'est le dernier affluent de la Dordogne qui ait tout son cours dans le département.

La *Maronne*, jolie rivière, plus abondante que tous les affluents précédents, sauf la Rue, vient des montagnes du Cantal par une vallée où abondent les sites frais et charmants, et même les paysages grandioses. Sur un cours total de près de 90 kilomètres, elle appartient pour un peu moins d'un tiers au département de la Corrèze, où elle coule au fond de gorges très-sinueuses, très-resserrées, très-profondes (jusqu'à 250 et 300 mètres). Elle arrive à la Dordogne un peu au-dessous de la ville d'Argentat. C'est un affluent de gauche.

La *Cère*, affluent de gauche, appartient encore moins au département que la Maronne. Rivière assez considérable, qui a plus de 100 kilomètres de longueur à partir de sa source dans le massif central du Cantal, elle ne relève de la Corrèze que pendant un peu plus de 20 kilomètres, et encore ne fait-elle que la border du côté du Cantal et du Lot. Les gorges où elle passe dans cette partie de son cours sont aussi belles que celles de la Maronne. Après avoir reçu le *Deyroux*, qui baigne Mercœur, chef-lieu de canton, elle entre définitivement dans le département du Lot, où elle a son embouchure au-dessous de Bretenoux.

Le *Palsou*, simple ruisseau, commence dans la Corrèze et finit dans le Lot, non loin de Vayrac, sans avoir rencontré de village important : c'est un affluent de droite.

La *Sourdoire*, tributaire de droite, longue d'une trentaine de kilomètres, ne baigne aucun bourg considérable dans la Corrèze : dans le Lot, elle arrose la plaine de Vayrac, et côtoie le versant nord-est du Puy d'Issolu, plateau presque isolé de 311 mètres d'altitude, que de nombreux antiquaires regardent comme l'antique *Uxellodunum*, placée par d'autres à Ussel ou à Uzerche, deux villes de la Corrèze, par d'autres encore à Capdenac, à Cahors ou à Luzech, trois villes du Lot. Elle se termine un peu au-dessus du beau viaduc par lequel le chemin de fer de Paris à Toulouse franchit la Dordogne.

La *Tourmente*, affluent de droite, ayant à peu près la même longueur que la Sourdoire, passe au-dessous de Turenne : arrivée dans le Lot, elle reçoit un ruisseau qui vient de Meyssac, chef-lieu de canton, puis, passant aussi à la base du Puy d'Issolu, va se perdre au-dessous du viaduc du chemin de fer de Paris à Toulouse.

La **Vézère**, seconde rivière du département pour l'importance, a bien près de 200 kilomètres de longueur, dont les deux tiers sur le territoire corrézien. Née, comme la Luzège, au pied du mont de Meynac, sur le plateau de Millevaches, elle a déjà les dimensions d'une rivière quand elle passe près de Bugeat, chef-lieu de canton. A environ 30 kilomètres de ses sources, elle se trouve comprimée entre les Monédières, et forme dans ce passage étroit, au milieu des bois, le *Saut de la Virole*, l'une de nos cascades les plus remarquables, tant par la masse d'eau que par la profondeur de la chute et par la sublimité du site : moins célèbre que le Saut de la Saule, la chute de la Vézère est bien plus belle, et trois à quatre fois plus haute. A 6 kilomètres plus bas, la Vézère coule dans la pittoresque vallée de Treignac, chef-lieu de canton, puis, se dirigeant vers le sud-ouest, va contourner la curieuse ville d'Uzerche, autre chef-lieu de canton. Elle descend ensuite vers le sud, passe à Vigeois, le quatrième chef-lieu de canton voisin de son cours, puis au pied de la colline escarpée et aride qui porte les ruines du manoir de Comborn. Au Saillant, elle forme une espèce de rapide sur des roches de gneiss et de micaschiste, auxquelles vont bientôt succéder les grès rouges du bas pays, puis les rocs calcaires et crayeux du Périgord. Sensiblement augmentée par le tribut de la Corrèze, à 6 ou 7 kilomètres à l'ouest de Brive, elle passe encore près de Larche, cinquième chef-lieu de canton riverain ; sépare quelque temps le département de la Corrèze de celui de la Dordogne, puis entre tout à fait dans ce dernier département, où elle baigne Terrasson, Montignac, les Eyzies, le Bugue, et rencontre la Dordogne à Limeuil, par un peu moins de 50 mètres d'altitude. Elle augmente notablement cette rivière, et, comme ses eaux sont rougeâtres, ainsi que la plupart de celles qui sortent du Limousin, elles teignent la Dordogne en rouge, lorsqu'elles sont très-abondantes à la suite de grandes pluies. La Vézère roule, même en été, une masse d'eau assez considérable, car elle est soutenue dans son débit par les innombrables sources de la montagne et par les belles fontaines du pays calcaire; cependant elle est plutôt censée navigable qu'elle ne l'est réellement à partir de Terrasson, sur une longueur de 65 kilomètres.

Parmi les affluents de la Vézère, il y a lieu de citer : le *Longueyroux*, qui double à peu près son volume d'eau en amont de Bugeat (rive gauche), et dont le nom ne se trouve pas sur la carte de l'État-Major; la *Soudaine*, qui a son embouchure à 6 kilomètres en aval de Treignac (rive droite); le *Ganavein*, que grossit le *Bradascou*, et qui a également son embouchure sur la rive droite, au-dessous d'Uzerche; le *Brezou*, qui sort des étangs de Seilhac; la Loyre, la Corrèze, la Couze et la Logne.

La *Loyre*, affluent de droite, a plus de 40 kilomètres de longueur : née à une petite distance à l'est de Lubersac, elle effleure les murs de la trop célèbre chartreuse de Glandier ; coule vers le sud et arrive à la Vézère, devant Varets, après avoir baigné le joli bourg d'Objat. Un de ses tributaires passe près de Juillac, chef-lieu de canton.

La **Corrèze** est une rivière qui ne manque pas d'abondance : son cours, tout entier compris dans le département auquel elle donne son nom, approche de 90 kilomètres. Elle commence au pied d'une montagne de 948 mètres, qui n'est pas très-éloignée du mont de Meymac, puis, longeant la base orientale des Monédières, va baigner Corrèze, chef-lieu de canton, Tulle, chef-lieu du département, Brive-la-Gaillarde, chef-lieu d'arrondissement, et s'unir à la Vézère, rive gauche, à quelques kilomètres à l'ouest de cette dernière ville, près du hameau de Granges. En amont comme en aval de Tulle, jusque près de Brive, elle serpente dans des gorges granitiques qui ont un grand caractère. Cette rivière, qui est censée flottable à bûches perdues depuis Bar, reçoit, précisément près de Bar, la *Vimbelle*, venue des Monédières, la *Solane* à Tulle, la *Montane* à 3 kilomètres au-dessous de Tulle, la *Rouane* et une rivière appelée aussi *Loyre*, en amont de Malemort, et le *Maumont* tout près du confluent de la Vézère. — La *Montane*, longue de 35 kilomètres, forme les cascades de Gimel, dont la hauteur totale est de 125 mètres ; elle reçoit la *Valouze*. — La *Rouane* passe non loin de Beynat, chef-lieu de canton. — Le *Maumont* (35 kilomètres) baigne le coteau de Donzenac, chef-lieu de canton.

La *Couze* tombe dans la Vézère sur la rive gauche, à Larche : sa source est située dans la montagne de Monplaisir. Après un parcours de 3 ou 4 kilomètres à travers des coteaux de grès du trias, cette rivière rencontre, dans la région calcaire, une caverne où elle s'engouffre. Après un parcours souterrain d'environ 3 kilomètres, elle reparaît près du village du Soulier, par un puits naturel profond d'une douzaine de mètres, connu sous le nom de *Blagour*. — La Couze reçoit la *Doux*, qui sort des rochers de la Roche, commune de Saint-Cernin.

Hors du département, sur la rive droite, au-dessous de Terrasson, la Vézère reçoit l'*Ellé*, qui a une partie de son cours dans la Corrèze, où elle prend sa source près d'Ayen, chef-lieu de canton.

Dans le nord-ouest du département, court, du nord-est au sud-ouest, une petite rivière qui porte le nom de **haute Vézère** ou **Auvézère**. Elle a ses sources aux confins de la

Haute-Vienne, dans des collines de 500 mètres d'altitude, et passe près de Lubersac, chef-lieu de canton, et près de Ségur. Elle entre ensuite dans le département de la Dordogne, et va s'y joindre à l'Isle par deux bras dont un souterrain, au-dessus de Périgueux, qui est le chef-lieu de ce département. Quant à l'Isle, elle gagne, à Libourne, la Dordogne, dont elle est le principal tributaire : ainsi les eaux de la haute Vézère et celles de son affluent la *Boucheuse* (qui a une petite partie de son cours dans la Corrèze) finissent par s'engloutir dans la Dordogne.

La **Loire**, qui reçoit le reste des eaux du département, est le plus long fleuve de France, en même temps que le moins abondant. Elle naît dans le département de l'Ardèche, sur les flancs d'un volcan éteint de 1,562 mètres d'altitude, le Gerbier de Joncs ; elle coule d'abord au nord jusque vers Nevers, puis à l'ouest jusqu'à la mer ; quand elle se verse dans l'Océan Atlantique, à Saint-Nazaire, elle a longé ou traversé douze départements, baigné Nevers, Orléans, Blois, Tours et Nantes, et en outre passé à une petite distance de trois autres chefs-lieux de département, le Puy-en-Velay, Saint-Étienne-en-Forez et Angers. La surface de son bassin est de 11 à 12 millions d'hectares ; son volume d'eau varie extraordinairement, de 60 à 75 mètres cubes par seconde, aux eaux exceptionnellement basses, jusqu'à 10,000, 12,000 et peut-être 15,000 dans les plus grandes crues.

La Loire passe à une distance considérable du département de la Corrèze, mais l'un de ses plus grands affluents, la Vienne, y prend sa source.

La **Vienne** n'a pas plus de 20 à 25 kilomètres de cours sur le territoire corrézien : sa première source, bien faible, jaillit à 858 mètres d'altitude, dans un repli du mont Odouze, à 4 kilomètres au nord du village de Millevaches ; elle descend avec une telle rapidité que, à sa sortie du département, sa hauteur au-dessus des mers n'est même plus de 550 mètres. Hors de la Corrèze, où elle reçoit la Chandouille, elle coule d'abord vers l'ouest, jusqu'au-dessous de l'importante ville de Limoges, puis elle se dirige vers le nord, devient une rivière de 150 mètres de largeur moyenne et va s'achever dans la Loire (rive gauche), entre Tours et Angers, après avoir baigné quatre départements autres que la Corrèze : la Haute-Vienne, la Charente, la Vienne, l'Indre-et-Loire. Son cours est d'environ 375 kilomètres.

La *Combade*, un de ses principaux affluents supérieurs, prend ses sources sur le territoire de la Corrèze, dans la commune de l'Église-aux-Bois.

IV

Climat.

La Corrèze est un pays essentiellement montagneux et élevé ; or, comme on le sait, plus un lieu est élevé, plus il y fait froid. D'autre part, elle est assez éloignée de la mer, qui a le privilége d'adoucir et d'égaliser les températures, et fort rapprochée des froides montagnes et des froids plateaux de la France centrale. Enfin, le sol y repose, en général, sur des roches qui retiennent peu la chaleur, telles que, par exemple, le granit.

Par toutes ces causes, la Corrèze, prise dans l'ensemble, est un pays froid : l'arrondissement d'Ussel, presque tout celui de Tulle, le nord de celui de Brive, ont des hivers longs et humides, et naturellement la température y est d'autant plus rude que le lieu est plus élevé au-dessus du niveau des mers : sur le mont de Meymac, point culminant du territoire, le climat est infiniment plus dur que dans la vallée où la Vézère quitte le département par 80 mètres seulement d'altitude. — C'est là le point le plus bas de tout le pays.

Mais, comme le département est situé sous le 45e degré de latitude, c'est-à-dire à égale distance du Pôle et de l'Équateur, en d'autres termes dans la zone éminemment tempérée, tous les endroits peu élevés et abrités des vents, tous les centres de population bâtis hors de la région des roches froides, y jouissent d'une température agréable, même en hiver : tels sont les bords de la Dordogne, à partir d'Argentat, les environs de Brive et de Larche, le canton de Meyssac, le canton d'Ayen et une partie de celui de Donzenac.

Toutefois, nous le répétons, presque tout le département de la Corrèze appartient à un climat froid, climat qu'on nomme *climat auvergnat* ou *climat limousin*.

Ce climat, l'un des sept entre lesquels on a l'habitude de partager la France, est assez agréable en été, mais il est dur en hiver et sujet en toute saison à des variations brusques.

La température moyenne de Tulle, ville abritée, qui n'est guère qu'à 200 mètres d'altitude, et qui par conséquent ne doit pas être prise comme type du climat corrézien, dépasse un peu 13 degrés : le nombre moyen des jours de neige y est de 9, celui des jours de pluie de 100, celui des jours parfaitement beaux de 98, celui des jours couverts sans qu'il pleuve de 155 à 160.

Si toute la pluie tombée dans l'année restait sur le sol sans filtrer sous terre et sans s'évaporer dans l'air, on aurait, à la fin des douze mois, à Tulle, une moyenne d'eau de 80 centimètres, plus que la moyenne de la France (77 centimètres) ; dans les Monédières et sur le plateau de Millevaches, cette moyenne est d'un mètre.

V

Curiosités naturelles.

Les curiosités naturelles ne manquent pas dans la Corrèze : rares sur le plateau, elles sont nombreuses dans les gorges qui le sillonnent.

Parmi les gorges sauvages et profondes, on admire celles de la Dordogne, de la basse Diège, de la basse Triousonne, de la basse Luzège, du Doustre inférieur, de la Maronne, de la Cère, de la Vézère sous Comborn et au Saillant, de la Corrèze près de Tulle, et celle de Coiroux près d'Aubazine, bordée de rochers à pic et sillonnée par un torrent impétueux.

Parmi les grandes parois de rochers qui distinguent ces

Vallée et cascade de la Rue, près de Bort

défilés, les plus célèbres, comme les plus curieuses et les plus élevées, sont les Orgues de Bort.

Parmi les cascades, il faut citer : le Saut de la Saule, formé par la Rue, près de Bort ; le Saut de la Virole, formé par la Vézère, et les cascades de la Montane à Gimel.

Parmi les sources, l'une des plus notables par le site et par l'abondance des eaux est celle de la Doux à la Roche, au-dessus de Larche, celle du Sorpt et celle de Blagour.

Parmi les grottes à stalactites, on remarque celles de Saint-Robert et de Nonards.

VI

Histoire.

La partie basse du département de la Corrèze a été occupée par l'homme primitif dès la fin de l'époque quaternaire ; les haches en silex trouvées sur quelques plateaux des environs de Brive, les fouilles faites dans plusieurs grottes naturelles en fournissent la preuve. Ces grottes sont situées dans le vallon de Planche-Torte, commune de Brive, sauf une qui se trouve dans la vallée de la Corrèze, entre Brive et Malemort. La peuplade sans nom qui a vécu sous ces sauvages abris y a laissé les débris de son industrie, d'abondants silex taillés ; et les ossements du renne attestent que les premiers habitants des environs de Brive ont co-existé avec une faune bien différente de la faune actuelle. La période néolithique est représentée par de rares haches en pierre polie, trouvées sur divers points du département.

Les premiers peuples du Limousin dont on peut retrouver quelques traces dans les annales historiques furent les Galls, qui occupaient le centre, le sud-est et l'est de l'ancienne Gaule, à laquelle ils donnèrent leur nom ; on les retrouvait encore dans la Grande-Bretagne, l'Irlande et les îles environnantes. Seulement, tandis que dans la Gaule les traces de leur langue, de leurs mœurs, de leurs noms de personnes et de lieux ont complétement disparu, dans l'Irlande et dans l'Écosse actuelles la race et la langue gaëliques n'ont subi que de légères altérations.

D'autres races sont venues, en effet, se mêler successivement aux Galls de la Gaule pour former notre nation. Dès longtemps avant Jésus-Christ, avaient commencé ces grands

Château de Pompadour au xviie siècle.

déplacements de peuples du Nord vers le Sud, que l'on désigne communément sous le nom d'invasions des Barbares. Du septième au quatrième siècle avant notre ère, une race nouvelle se répandit dans la Gaule par plusieurs invasions successives. Cette race était celle des Kymris, que les Romains appelaient Cimbres, et que l'on croyait originaires de la péninsule Cimmérienne, appelée aujourd'hui Crimée, sur les bords de la mer Noire. Les Kymris, hostiles d'abord, finirent par se fondre avec les Galls.

Plus tard vinrent les Romains, les Germains et les Francs, et ce sont ces éléments divers qui ont constitué notre nation française. Cependant l'unité de la nation n'existait pas alors comme aujourd'hui; chaque grande race se subdivisait en une multitude de peuplades secondaires qui se réunissaient quelquefois dans le cas d'un danger ou d'un intérêt commun, mais qui, absolument indépendantes l'une de l'autre, étaient maîtresses de leurs destinées.

La tribu qui habitait la Corrèze au moment de la conquête romaine était celle des Lemovices ou Limousins. Le territoire qu'elle occupait se trouvait plus étendu que celui de l'ancienne province du Limousin; il empiétait sur les départements actuels du Lot et du Cantal au sud-est et de la Dordogne à l'ouest. Cette configuration, qui fut celle de la cité romaine et, suivant toutes les vraisemblances, celle de la cité gauloise, n'a été modifiée à son détriment qu'à l'époque carlovingienne.

Lorsque César, à la tête de ses légions, marcha à la conquête de la Gaule, il rencontra la plus énergique résistance chez ces peuplades que le sentiment du danger avait rassemblées et unies en une seule nation. Vercingétorix, nommé généralissime, opposa à la tactique romaine une indomptable énergie et une bravoure qui étonnèrent ses ennemis. Mais, s'étant laissé enfermer à Alésia, il fut obligé de se rendre à César, qui, moins grand que son rival, le fit charger de chaînes et en orna son triomphe. Vercingétorix, digne d'un meilleur sort, fut étranglé à Rome l'an 46 avant J.-C. Les Lémovices avaient envoyé 10,000 guerriers au secours d'Alésia; leur chef, Se-

Tulle.

dullix, fut une des victimes de cette journée, qui décida du sort de la Gaule.

Le cadurce Luctère, échappé au désastre d'Alésia, alla s'enfermer dans *Uxellodunum*, ville aujourd'hui détruite, qui occupait, selon quelques archéologues, l'emplacement d'Ussel ; mais Uzerche, Cahors, Capdenac, Luzech et Puy-d'Issolu revendiquent aussi ce titre de gloire. Quoi qu'il en soit, Luctère, assiégé par César, fut enfin obligé de se rendre au proconsul, qui fit couper les mains à tous ceux qui avaient porté les armes.

Après la conquête romaine, la Gaule tout entière ayant été partagée en provinces, la Corrèze fit partie de l'Aquitaine jusqu'au ve siècle.

Pendant cette occupation, le christianisme y fut prêché.

La religion de ce pays, comme dans toute la Gaule, était la religion druidique. Ce nom lui vient des Druides, qui en étaient les prêtres. Le rôle des Druides, au dire de César, était d'accomplir les sacrifices, d'instruire la jeunesse et de rendre la justice. Suivant les auteurs latins, ils croyaient à l'immortalité de l'âme et à l'unité de Dieu. Aristote et Pline en parlent avec le plus grand respect. Mais une coutume barbare, celle des sacrifices humains, souillait cette morale élevée.

Auguste défendit ces sacrifices par un décret rendu l'an 14 avant J.-C. L'empereur Claude, à son tour, abolit le culte et le sacerdoce des Druides. Mais les décrets sont impuissants à détruire une croyance. Les Druides se cachèrent au fond des bois, où les suivaient leurs adeptes.

Une lueur nouvelle, partie de l'Orient, devait éclairer les sombres forêts dans lesquelles avaient lieu les sacrifices sanglants, et faire comprendre à ces peuples aveuglés l'horreur de ces barbares coutumes. Ce flambeau fut le christianisme.

Saint Martial, premier évêque de Limoges, fut l'apôtre de la foi nouvelle dans l'Aquitaine, au IIIe siècle. La tradition lui attribue de nombreux miracles opérés à Tulle et dans les environs. Elle constate, en outre, le martyre, aux portes de Brive, de sainte Ferréole, et, dans la ville même, celui de saint Martin, noble espagnol qui venait y renverser les restes du paganisme. Malgré les persécutions des empereurs, le nombre des prosélytes alla toujours augmentant. Au IVe siècle, saint Martin prêcha aussi dans la Corrèze, et la cause du christianisme fut définitivement gagnée dans cette partie de la Gaule.

A l'époque de l'invasion des barbares, la Corrèze fut d'abord envahie et saccagée par les Vandales et les Alains, puis par les Visigoths. Ceux-ci, qui étaient ariens, non contents de ravager le pays, persécutèrent les chrétiens. En 507, Clovis, roi des Francs, appelé par les évêques du Midi, marcha contre les persécuteurs et les défit complétement à la bataille de Vouillé, près de Poitiers, en tuant de sa propre main leur roi Alaric.

La Corrèze tomba au pouvoir du vainqueur; au partage de la monarchie, elle fit partie du royaume de Paris, qui avait pour roi Caribert; puis, à la mort de ce dernier, elle passa sous la domination de Chilpéric, roi de Soissons.

En 584, un fils naturel de Clotaire, Gondowald, revenu de Constantinople pour faire valoir ses prétendus droits sur l'Aquitaine, se fit proclamer roi à Brive par les nombreux partisans que la crédulité ou le goût des aventures avait attachés à sa cause. Mais il ne porta pas loin ce titre usurpé; les soldats de Gontran, l'ayant poursuivi, l'assiégèrent à Lugdunum (Saint-Bertrand de Comminges) et le précipitèrent du haut d'un rocher.

La Corrèze fut, plus tard, ravagée par les Sarrasins et réunie à l'Aquitaine sous les ducs Hunald et Waïfre, qui firent à Charles Martel et à Pépin le Bref une longue guerre, terminée seulement sous Charlemagne.

L'empereur établit alors dans le pays des comtes ou gouverneurs, qui furent les chefs des grandes familles féodales de Ségur, de Turenne, de Ventadour et de Comborn. Il plaça la Corrèze dans le royaume d'Aquitaine, qu'il donna de son vivant à son fils Louis le Débonnaire. Celui-ci, à son avénement au trône, en 814, abandonna l'Aquitaine à son fils Pépin Ier, mort à Poitiers en 838. Pépin II, fils de Pépin Ier, fut proclamé roi d'Aquitaine par les seigneurs du pays, qui aspiraient à une nationalité indépendante. Charles le Chauve, par le traité de

Saint-Benoît-sur-Loire, en 845, lui céda l'Aquitaine, à condition qu'il reconnaîtrait sa suzeraineté. Pépin, s'étant révolté en 850, fut défait par Charles, qui, en 853, le fit enfermer à Senlis.

Les Normands, profitant de ces troubles, envahirent le pays, qu'ils pillèrent et incendièrent. Raoul de Bourgogne les attaqua et les défit à la sanglante bataille d'Estresses, près de Beaulieu.

A l'avènement de Hugues Capet au trône de France, les comtes de Poitiers et de Toulouse, rêvant les grandes destinées de ce dernier, se déclarèrent indépendants et entraînèrent à leur suite les principaux seigneurs de la Corrèze, qui méconnurent l'autorité royale jusqu'au moment du mariage de Louis VII le Jeune avec Éléonore de Guyenne, en 1137.

En 1152, le concile de Beaugency ayant prononcé le divorce des deux époux, Éléonore, devenue libre, épousa quelque temps après Henri Plantagenet, qui, en 1155, devint roi d'Angleterre. La Corrèze passa alors au pouvoir des Anglais.

En 1202, les barons du Poitou et d'Aquitaine s'étant soulevés contre Jean sans Terre, appelèrent à leur secours Philippe Auguste, qui le chassa d'Aquitaine.

La Corrèze appartint à la France jusqu'au 12 mars 1259, époque à laquelle Louis IX, par scrupule de conscience, conclut avec Henri III d'Angleterre un traité par lequel il restituait à ce prince le Querci, le Limousin, l'Agénois et une partie de la Saintonge. Mais en 1294, les Anglais furent presque entièrement chassés de la Guyenne, et la Corrèze redevint française.

Pendant la guerre de Cent ans, la Corrèze affirma hautement son attachement à la France; elle eut à supporter le poids de cette terrible guerre qui ruina notre pays, mais d'où la nationalité française surgit triomphante.

En 1335, Philippe le Bel visita Brive, qu'il fit fortifier ainsi que plusieurs autres villes du Midi. Le 26 août 1346, la France éprouvait le désastre de Crécy, dont l'influence devait se faire sentir dans le Midi. En effet, le 1er novembre de la même année, les Anglais s'emparaient de Tulle, d'où le duc d'Armagnac les expulsait quelques jours après.

La défaite de Poitiers (19 septembre 1356), suivie du fatal traité de Brétigny (18 mai 1360), fit retomber la Corrèze sous la domination anglaise.

Sous Charles V, du Guesclin assiégea les Anglais dans Ussel et les chassa de la vicomté de Ségur. A peine l'ennemi était-il installé à Tulle qu'il en fut chassé par les habitants des campagnes voisines.

Mais en 1374, Brive accueillit le duc de Lancastre, frère du prince Noir, et résista aux sommations du duc d'Anjou, qui parut peu de temps après devant ses murs. Les Français attaquèrent la ville, la prirent et en décapitèrent les principaux magistrats, près de la porte Barbecane, qui avait donné passage aux Anglais et qui fut murée.

Plus tard, les Brivistes firent oublier leur moment de faiblesse en chassant les garnisons anglaises des châteaux qu'elles occupaient dans le bas Limousin.

La guerre d'embuscade, employée contre les Anglais, seconda les armes françaises. Le prince Noir, usé par les fatigues, mourut en 1376, et son père, Édouard III, le suivit un an après dans la tombe. Charles V mourait lui-même en 1380, après de nouveaux succès remportés sur ses ennemis.

L'élan national ne se ralentit pas, et, malgré les calamités du règne de Charles VI, les Anglais n'obtinrent dans la Corrèze aucun succès important; sous le règne de Charles VII, ils durent se retirer devant le roi triomphant et ses braves capitaines, parmi lesquels se distingua Dunois. Charles VII vint visiter le Limousin en 1441, et passa à Tulle les fêtes de Pâques de cette année.

La Ligue du Bien-public, cette dernière lutte de la féodalité impuissante contre le pouvoir royal, ne trouva pas d'écho dans le Limousin (1465). Deux ans auparavant, Louis XI avait visité cette province et séjourné à Brive, à Donzenac et à Uzerche, acclamé par la population ; il avait en même temps institué des cours de justice à Brive et à Uzerche.

Sous Charles VIII, Louis XII et François Ier, un calme profond régna dans la Corrèze. Mais, sous Henri II, le protestantisme s'y étant répandu, y fit plusieurs adeptes, parmi lesquels Henri de la Tour, vicomte de Turenne, dont l'influence était grande dans le pays ; Argentat, Beaulieu et Uzerche suivirent sa cause. D'illustres capitaines, Biron, Coligny et Henri de Navarre, qui devait être plus tard Henri IV, répondirent à l'appel d'Henri de la Tour, devenu lui-même, en 1591, duc de Bouillon.

Les protestants, sous la conduite des princes de Condé et de Coligny, ayant été défaits, le 13 mars 1569, à la sanglante bataille de Jarnac, dans l'Angoumois, par le duc d'Anjou, qui fut plus tard Henri III, les vaincus se retirèrent dans le Limousin. Ils occupèrent Lubersac, Juillac, Saint-Bonnet-la-Rivière; Coligny s'empara de Beaulieu le 10 décembre 1569 et livra cette ville au pillage. Quelques années après, Tulle fut prise d'assaut par la Morie, maître de camp du vicomte de Turenne.

A dater de cette époque commence une suite continuelle de surprises et d'escarmouches qui durèrent pendant tout le règne d'Henri III. Brive fut prise, le 24 juin 1577, par le duc de Biron ; un mois après, un autre chef protestant, Vivans, y commit d'abominables excès. Henri IV, en pacifiant la France, rendit la tranquillité à ces contrées; héritier par son grand-père de la vicomté de Limoges, il la réunit à la Couronne.

Sous Louis XIII, quelques seigneurs mécontents se révoltèrent en 1628 ; mais Richelieu, qui venait de prendre la Rochelle, leur prouva que le temps des rébellions était passé.

Sous la Fronde, la femme du prince de Condé se réfugia à Turenne, en 1648, pour y organiser la guerre civile, mais ses partisans échouèrent au siége de Brive. Le peuple corrézien comprenait qu'il n'y avait rien à gagner dans ces agitations stériles et antipatriotiques suscitées par de mesquines ambitions.

Le 8 juin 1738, Charles-Godefroi, duc de Bouillon, vendit la vicomté de Turenne à Louis XV, pour la somme de 4 millions 200,000 francs.

Depuis ce moment, la Corrèze a été associée au sort du reste de la France.

VII

Personnages célèbres.

Outre les illustres familles de Ventadour, de Noailles, de Ségur, de Pompadour, des Cars et de Turenne, dont les membres se sont distingués à toutes les époques de notre histoire, le département de la Corrèze a donné naissance à plusieurs hommes célèbres, parmi lesquels nous citerons :

Ebles et Bernard de Ventadour, deux des plus illustres troubadours de la langue d'oc (xiie siècle).

Pierre Roger, pape d'Avignon de 1342 à 1352 sous le nom de Clément VI, et son neveu, pape de 1370 à 1378, sous le nom de Grégoire XI, nés au château de Maumont (commune de Rosiers). Grégoire XI rétablit à Rome l'autorité du Saint-Siége.

Treilhard (Jean-Baptiste), homme politique et jurisconsulte, né à Brive en 1742, mort à Paris en 1810. Ses restes reposent au Panthéon.

Cabanis (Pierre-Georges), médecin et philosophe, né à Salagnac, commune de Cosnac, en 1757, mort à Paris, en 1808. Membre du Conseil des Cinq-Cents, puis du Sénat, il fit partie de l'Institut dès sa création.

Boyer (le baron), chirurgien, né à Uzerche, en 1757, mort en 1833.

Étienne Aubert, né au village de Monts (commune de Beyssac), et élu pape en 1352, sous le nom d'Innocent VI. Il mourut à Avignon en 1362.

Baluze (Étienne), célèbre érudit, né à Tulle en 1630, mort à Paris en 1718. En 1667, il fut nommé bibliothécaire de Colbert, et, en 1670, professeur de droit canon au Collége royal, aujourd'hui appelé Collége de France. Un de ses ouvrages, l'*Histoire généalogique de la maison d'Auvergne*, publiée en 1708, lui attira la disgrâce royale.

Marmontel, né à Bort (Corrèze) le 11 juillet 1723, mort le 31 décembre 1799. Il fut poëte, auteur dramatique, critique, historiographe de France et membre de l'Académie française.

De Lasteyrie (Charles-Philibert), agronome, né à Brive en 1759, mort à Paris en 1849 ; il établit en 1812, dans cette dernière ville, la première imprimerie lithographique.

Latreille (Pierre-André), né à Brive le 29 novembre 1762, mort à Paris le 6 février 1833. Naturaliste célèbre, ses savantes études lui valurent le titre de membre de l'Académie des sciences et de professeur au Jardin des Plantes de Paris.

Brune (le maréchal) naquit à Brive le 13 mai 1763, et mourut, assassiné à Avignon, le 2 août 1815 par les royalistes. Il prit la part la plus brillante aux campagnes de la Révolution et de l'Empire.

Un homme d'une triste célébrité, le cardinal Dubois, naquit à Brive le 6 septembre 1656, et mourut à Versailles le 10 août 1723. Devenu premier ministre sous la Régence, pendant la minorité de Louis XV, il fut nommé, grâce à son crédit, archevêque de Cambrai, et ne rougit pas de profaner par sa présence le siége consacré par les vertus de Fénelon.

VIII

Population, langue, culte, instruction publique.

La *population* de la Corrèze s'élève, d'après le recensement de 1872, à 302,746 habitants (150,972 du sexe masculin, 151,774 du sexe féminin). A ce point de vue, c'est le cinquante-neuvième département. Le chiffre des habitants divisé par celui des hectares donne environ 54 habitants par 100 hectares ou par kilomètre carré ; c'est ce qu'on nomme la population spécifique. La France entière ayant 69 à 70 habitants par kilomètre carré, il en résulte que la Corrèze renferme, à surface égale, 15 à 16 habitants de moins que l'ensemble de notre pays.

Depuis 1801, date du premier recensement officiel, jusqu'à 1866, le département de la Corrèze avait gagné 67,189 habitants; mais il en a perdu 8,097 depuis 1866.

Le patois limousin, langue jadis illustre, qui a eu de glorieux et nombreux troubadours, a été formé du latin et du celtique, auxquels se sont mêlés quelques rares mots grecs. Quinze pour cent des mots sont kymriques, d'après Legonidec, un pour cent sanscrits, un et demi pour cent basques, sans compter les mots formés par les racines. Les habitants de la Corrèze ont généralement un accent très-prononcé qui trahit leur origine.

Presque tous les habitants de la Corrèze sont catholiques. En 1866, on ne comptait que 17 protestants.

Le nombre des *naissances* a été, en 1865, de 9,791 (dont 196 morts-nés); celui des *décès*, de 7,640; celui des *mariages*, de 2,763.

La *vie moyenne* est de 34 ans 5 mois.

Les *colléges communaux* de Brive, de Treignac et de Tulle ont compté, en 1865, 596 élèves; les *petits séminaires* de Servières et de Brive, 194; l'*école normale*, 36; 2 *institutions secondaires libres*, 65; 482 *écoles primaires*, 24,866; 6 *salles d'asile*, 660; 229 *cours d'adultes*, 2,756.

Le recensement de 1872 a donné les résultats suivants :

Ne sachant ni lire ni écrire.	179,805
Sachant lire seulement..	34,388
Sachant lire et écrire.	85,498
Dont on n'a pu vérifier l'instruction.. . . .	3,061
Total de la population civile. . . .	302,752

Sur 23 accusés de crimes, en 1871, on a compté :

Accusés ne sachant ni lire ni écrire.	18
— sachant lire ou écrire imparfaitement. .	4
— sachant bien lire et bien écrire.	»
— ayant reçu une instruction supérieure. .	1

IX

Divisions administratives.

Le département de la Corrèze forme le diocèse de Tulle (suffragant de Bourges), — la 3e subdivision de la 21e division militaire (Limoges) du 12e corps d'armée (Limoges). — Il ressortit à la cour d'appel de Limoges, — à l'Académie de Clermont, — à la 21e légion de gendarmerie (Limoges), — à la 15e inspection des ponts et chaussées, — à la 28e conservation des forêts (Aurillac), — à l'arrondissement minéralogique de Périgueux (division du Centre), — à la région agricole du Sud. — Il comprend : 3 arrondissements (Brive, Tulle, Ussel), 29 cantons, 287 communes.

Chef-lieu du département : TULLE, 13,681 h.
Chefs-lieux d'arrondissement : TULLE ; BRIVE, 10,765 h.; USSEL, 3,830 h.

Arrondissement de Tulle (12 cant.; 118 com.; 129,001 h.; 256,746 hect.).
Canton d'Argentat (11 com. ; 11,953 h. ; 18,800 hect.). — Albussac, 1,414 h. — Argentat, 3,350 h. — Bonnet-Elvert (Saint-), 1,043 h. — Chamant (Saint-), 1,409 h. — Forgès, 885 h.— Hilaire-Taurieux (Saint-), 338 h. — Martial-Entraigues (Saint-), 464 h. — Ménoire, 200 h. — Monceaux, 1,807 h. — Neuville, 549 h. — Sylvain (Saint-), 526 h.
Canton de Corrèze (9 com. ; 7,876 h. ; 22,155 hect.). — Augustin (Saint-), 1,207 h. — Bar, 1,020 h. — Chaumeil, 860 h. — Corrèze, 1,659 h. — Eyrein, 625 h. — Meyrignac-l'Église, 297 h. — Orliac-de-Bar, 723 h. — Sarran, 830 h. — Vitrac, 648 h.
Canton d'Égletons (8 com. ; 6,714 h. ; 19,256 hect.). — Champagnac-la-Noaille, 697 h. — Égletons, 1,750 h. — Hippolyte (Saint-), 509 h. — Jardin (le), 310 h. — Lachapelle-Spinasse, 254 h. — Moustier-Ventadour, 876 h. — Rosiers-d'Égletons, 1,154 h. — Yrieix-le-Déjalat (Saint-), 1,184 h.
Canton de Lapleau (8 com. ; 7,228 h. ; 18,011 hect.). — Hilaire-Foissac (Saint-), 1,097 h. — Lafage, 536 h. — Lapleau, 1,027 h. — Latronche, 675 h. — Laval, 570 h. — Merd-de-Lapleau (Saint-), 904 h. — Pantaléon-de-Lapleau (Saint-), 288 h. — Soursac, 2,133 h.
Canton de La Roche-Canillac (11 com.; 8,518 h.; 17,668 hect.). —

DIVISIONS ADMINISTRATIVES.

Basile-de-Laroche (Saint-), 526 h. — Champagnac-la-Prune, 683 h. — Clergoux, 577 h. — Espagnac, 866 h. — Groschastang, 647 h. — Gumond, 461 h. — La Roche-Canillac, 503 h. — Marcillac-la-Croisille, 1,656 h. — Martin-la-Méanne (Saint-), 1,383 h. — Pardoux-la-Croisille (Saint-), 585 h. — Paul (Saint-), 631 h.

Canton de Mercœur (11 com.; 7,647 h.; 21,376 hect.) — Altillac, 1,695 h. — Bassignac-le-Bas, 600 h. — Bonnet-le-Pauvre (Saint-), 220 h. Camps, 612 h. — Goulles, 1,092 h. — Julien-le-Pèlerin (Saint-), 509 h. — Lachapelle-Saint-Géraud, 539 h. — Saint-Mathurin-Léobazel, 248 h. — Mercœur, 867 h. — Reygade, 368 h. — Sexcles, 897 h.

Canton de Seilhac (9 com.; 12,210 h.; 21,627 hect.). — Beaumont, 520 h. — Chamboulive, 2,650 h. — Chanteix, 1,015 h. — Clément (Saint-), 1,453 h. — Jal (Saint-), 1,439 h. — Lagraulière, 1,824 h. — Pierrefitte, 427 h. — Salvadour (Saint-), 1,057 h. — Seilhac, 1,825 h.

Canton de Saint-Privat (10 com.; 9,894 h.; 25,483 hect.'. — Auriac, 1,200 h. — Bassignac-le-Haut, 802 h. — Cirgues (Saint-), 873 h. — Darazac, 618 h. — Geniez-ô-Merle (Saint-), 559 h. — Haute-Fage, 1,003 h. — Julien-aux-Bois (Saint-), 1,281 h. — Privat (Saint-), 1,142 h. — Rilhac-Xaintrie, 1 253 h. — Servières, 1,163 h.

Canton de Treignac (11 com.; 12,937 h.; 31,931 hect.). — Afficux, 957 h. — Chamberet, 2,798 h. — Église-aux-Bois (l'), 376 h. — Hilaire-les-Courbes (Saint-', 972 h. — Lacelle, 557 h. — Lonzac (le), 2, 460 h. — Peyris-ac, 317 h. — Rilhac-Treignac, 399 h. — Soudaine-Lavinadière, 841 h. — Treignac, 2.788 h. — Veix, 402 h.

Canton de Tulle [Nord] (7 com.; 21,293 h.; 14,796 hect.). — Chameyrat, 1,292 h. — Favars, 597 h. — Germain-les-Vergnes (Saint-), 1,148 h. — Hilaire-Peyroux (Saint-), 1,389 h. — Mexant (Saint-), 887 h. — Naves, 2,299 h. — Tulle (Nord et Sud), 13,681 h.

Canton de Tulle [Sud] (14 com.; 10,646 h.; 20,216 hect.'. — Angles (les), 124 hab. — Bonnet-Avalouse (Saint-), 275 h. — Chanac, 577 h. — Chastang (le), 339 h. — Cornil, 1,472 h. — Fortunade (Sainte-), 2,021 h. — Gimel, 919 h. — Ladignac, 520 h. — Lagarde, 978 h. — Laguenne, 1,019 h. — Marclatour. 504 h. — Martial-de-Gimel (Saint-), 1058 h. — Pandrigne, 500 h. — Priest-de-Gimel (Saint-), 358 h.

Canton d'Uzerche (9 com.; 12,085 h.; 24,818 hect.). — Condat, 1,433 h. — Espartignac, 606 h. — Eyburie, 1,305 h. — Lamongerie, 515 h. — Masseret, 840 h. — Meilhard, 1,472 h. — Salon, 1,709 h. — Uzerche, 3,022 h. — Ybard (Saint-), 1383 h.

Arrondissement de Brive (10 cant.; 98 com.; 111,459 h.; 134,356 hect.).

Canton d'Ayen (11 com.; 10,245 h.; 15,223 hect.). — Aulaire (Sainte-), 1,091 h. — Ayen, 1,326 h. — Brignac, 1,040 h. — Cyprien (Saint-), 480 h. — Louignac, 650 h. — Objat, 1,602 h. — Perpezac-le-Blanc, 1,007 h. — Robert (Saint-), 551 h. — Segonzac, 780 h. — Vars, 587 h. — Yssandon, 1,151 h.

Canton de Beaulieu (13 com; 11,333 h.; 12,263 hect.). — Astaillac, 670 h. — Beaulieu, 2,550 h. — Billac, 655 h. — Brivezac, 733 h. —

Chenaillers-Mascheix, 694 h. — Lachapelle-aux-Saints, 532 h. — Liourdres, 577 h. — Nonards, 1,062 h. — Puy-d'Arnac, 1,099 h. — Queyssac, 718 h. — Sionniac, 586 h. — Tudeils, 754 h. — Végennes, 723 h.

Canton de Beynat (6 com.; 6,520 h.; 11,244 hect.). — Albignac, 530 h. — Aubazine, 913 h. — Beynat, 2,012 h. — Lanteuil, 1,124 h. — Palazinge, 190 h. — Sérilhac, 1,751 h.

Canton de Brive (11 com.; 19,881 h.; 11,990 hect.). — Brive, 10,765 h. — Cosnac, 920 h. — Dampniat, 945 h. — Estivals, 316 h. — Jugeals, 465 h. — Lachapelle-aux-Brocs, 334 h. — Malemort, 1,228 h. — Nespouls, 923 h. — Noailles, 567 h. — Ussac, 1,891 h. — Varetz, 1,527 h.

Canton de Donzenac (7 com.; 13,101 h.; 14,903 hect.). — Allassac, 4,082 h. — Donzenac, 3,169 h. — Ferréole (Sainte-), 2,615 h. — Pardoux-l'Ortigier (Saint-), 661 h. — Sadroc, 987 h. — Venarsal, 322 h. — Viance (Saint-), 1,265 h.

Canton de Juillac (10 com.; 11,320 h.; 13,712 hect.). — Bonnet-Larivière (Saint-), 1,005 h. — Chabrignac, 803 h. — Concèze, 788 h. — Cyr-Laroche (Saint-), 690 h. — Juillac, 2,514 h. — Lascaux, 440 h. — Rosiers-de-Juillac, 510 h. — Solve (Saint-), 875 h. — Vignols, 1,232 h. — Voutezac, 2,426 h.

Canton de Larche (8 com.; 7,302 h.; 12,351 hect.). — Cernin-de-Larche (Saint-), 551 h. — Chartier-Ferrières, 660 h. — Chasteau, 892 h. — Cublac, 1,195 h. — Larche, 851 h. — Lissac, 684 h. — Mansac, 1,113 h. — Pantaléon-de-Larche (Saint-), 1,356 h.

Canton de Lubersac (12 com.; 12,242 h.; 23,973 hect.). — Arnac-Pompadour, 1,198 h. — Benayes, 785 h. — Beyssac, 1,015 h. — Beyssenac, 794 h. — Éloy (Saint-), 539 h. — Julien-le-Vendonnois (Saint-), 622 h. — Lubersac, 3,668 h. — Martin-Sept-Pers (Saint-), 810 h. — Montgibaud, 487 h. — Pardoux-Corbier (Saint-), 934 h. — Ségur, 932 h. — Sernin-Lavolps (Saint-), 658 h.

Canton de Meyssac (14 com.; 12,302 h.; 15,487 hect.). — Basile-près-Meyssac (Saint-), 475 h. — Branceilles, 973 h. — Chauffour, 603 h. — Collonges, 1,187 h. — Curemonte, 1,020 h. — Julien-Maumont (Saint-), 452 h. — Lagleygeolle, 737 h. — Ligneyrac, 734 h. — Lostanges, 528 h. — Marcillac-la-Croze, 705 h. — Meyssac, 1,989 h. — Noailhac, 774 h. — Saillac, 420 h. — Turenne, 1,705 h.

Canton de Vigeois (6 com.; 7,193 h.; 13,478 hect.). — Bonnet-l'Enfantier (Saint-), 543 h. — Estivaux, 800 h. — Orgnac, 976 h. — Perpezac-le-Noir, 1,389 h. — Troche, 1,104 h. — Vigeois, 2,381 h.

Arrondissement d'Ussel (7 cant.; 71 com.; 62,286 h.; 177,512 hect.).

Canton de Bort (10 com.; 8,746 h.; 16,260 hect.). — Bonnet-Port-Dieu (Saint-), 484 h. — Bort, 2,693 h. — Julien-près-Bort (Saint-), 1,389 h. — Margerides, 639 h. — Monestier-Port-Dieu, 714 h. — Port-Dieu (le), 505 h. — Sarroux, 1,065 h. — Thalamy, 351 h. — Veyrières, 500 h. — Victour (Saint-), 606 h.

Canton de Bugeat (11 com.; 8,408 h.; 34,823 hect.). — Bonnefond, 836 h. — Bugeat, 986 h. — Grandsaigne, 475 h. — Lestards, 431 h.

Merd-les-Oussines (Saint-), 800 h. — Murat, 358 h. — Pérols, 932 h. — Pradines, 559 h. — Tarnac, 1,886 h. — Toy-Viam, 308 h. — Viam, 837 h.

Canton d'Eygurande (10 com.; 5,478 h.; 19,227 hect.). — Aix, 1,124 h. — Couffy, 465 h. — Courteix, 353 h. — Eygurande, 1,020 h. — Feyt, 387 h. — Lamazière-Haute, 362 h. — Laroche-près-Feyt, 378 h. — Merlines, 482 h. — Monestier-Merlines, 646 h. — Pardoux-le-Neuf (Saint-), 261 h.

Canton de Meymac (10 com.; 10,180 h.; 28,502 hect.). — Alleyrat, 424 h. — Ambrugeat, 1,019 h. — Combressol, 1.143 h. — Darnets, 928 h. — Davignac, 956 h. — Maussac, 680 h. — Meymac, 3,283 h. — Péret, 413 h. — Soudeilles, 618 h. — Sulpice-les-Bois (Saint-), 716 h.

Canton de Neuvic (10 com.; 10,888 h.; 26,511 hect.). — Chirac, 891 h. — Étienne-Lageneste (Saint-), 283 h. — Hilaire-Luc (Saint-), 387 h. — Lamazière-Basse, 1,544 h. — Liginiac, 1,502 h. — Marie-Lapanouse (Sainte-), 292 h. — Neuvic, 3,199 h. — Palisse, 942 h. — Roche-le-Peyroux, 444 h. — Sérandon, 1,404 h.

Canton de Sornac (8 com.; 7,749 h.; 26,026 hect.). — Bellechassagne, 292 h. — Chavanac, 316 h. — Germain-Lavolps (Saint-), 590 h. — Millevaches, 321 h. — Peyrelevade, 1,978 h. — Rémy (Saint-), 780 h. — Setiers (Saint-), 1,442 h. — Sornac, 2,058 h.

Canton d'Ussel (12 com.; 10,857 h.; 26,163 hect.). — Angel (Saint-), 1,503 h. — Chaveroche, 475 h. — Dézéry (Saint-), 226 h. — Étienne-aux-Clos (Saint-), 914 h. — Exupéry (Saint-), 1,507 h. — Fréjoux-le-Majeur (Saint-), 657 h. — Latourette, 235 h. — Lignareix, 236 h. — Mestes, 521 h. — Pardoux-le-Vieux (Saint-), 359 h. — Ussel, 3,830 h. — Valiergues, 374 h.

X

Agriculture.

Sur les 586,609 hectares du département, on compte en nombres ronds :

Terres labourables.	194,300 hectares.
Prés.	73,000
Vignes.	16,700
Bois.	41,000
Landes.	169,800

Le reste du territoire est réparti entre les farineux, les cultures potagères, maraîchères et industrielles, les étangs, les emplacements de villes, de bourgs, de villages, de fermes, les surfaces prises par les routes, les chemins de fer, les cimetières, etc.

En nombres ronds, on compte dans le département 15,700 chevaux, ânes et mulets. Les chevaux de la Corrèze sont très-estimés, et ce département possède un des grands établissements créés en France pour le perfectionnement de la race chevaline, le *haras national de Pompadour* (51 étalons, 12 juments arabes), établi au xviiie siècle par le duc de Choiseul, à côté de l'ancien château de la marquise de Pompadour, près duquel a été disposé un hippodrome. Des succursales de ce haras existent à la Rivière, à la Villate, aux Monts, dans la commune de Beyssac et près de Pompadour. 159,700 *bœufs*, de petite taille, sont répartis dans l'arrondissement de Brive et dans une partie de celui de Tulle; ils s'engraissent facilement et servent à l'approvisionnement de Paris. Les excellents pâturages de la Montagne nourrissent plus de 151,000 *moutons*, remarquables surtout dans les cantons de Meymac, Sornac et Bugeat; les moutons du Vendonnois (canton de Lubersac) sont très-renommés. Les porcs sont au nombre de 154,000 environ. 14,000 chèvres donnent une grande quantité de lait servant à la fabrication d'excellents fromages; Saint-Priest de Gimel est connu pour ses *tomes de Brach* en caillé de brebis. Enfin, il existe dans le département environ 14,500 chiens, et plus de 45,500 ruches, produisant une grande quantité de miel. Les dindes, généralement expédiés sur Paris, sont l'objet d'un important commerce.

Sous le rapport des productions, la Corrèze se divise en deux régions distinctes : la *Montagne* et le pays bas. La première, qui comprend l'arrondissement d'Ussel et la plus grande partie de celui de Tulle, offre une vaste surface de bruyères; le reste est occupé par des champs de seigle, d'avoine, de sarrasin, de chanvre, de lin, et de bons pâturages pour les moutons. On y trouve, surtout aux environs de Neuvic, de nombreux châtaigniers, dont les fruits forment, avec les pommes de terre, la principale nourriture des habitants des campagnes. Le pays bas, qui embrasse l'ouest et le sud-ouest du département, produit du froment, du seigle, de l'orge, de l'avoine, du maïs, du sarrasin, des fruits de toute espèce, et possède dans les basses vallées de la Dordogne, de la Corrèze et de la Vézère, d'importants *vignobles*, ne produisant toutefois que des vins communs. Il faut en excepter les crus : de Vertougi, grand crû coté par les moines de Cluny, auxquels il appartenait; de Voutezac (côte du Saillant), d'Allassac, de Donzenac, Beaulieu, Queyssac, qui donnent des vins ordinaires estimés, et ceux de Collonges, Saillac, Yssandon, Varetz, Paillé, renommés pour leurs vins blancs. Il se fabrique, particulièrement dans les environs de Beaulieu, un vin « de paille » qui est apprécié des connaisseurs.

Le département offre peu de prairies artificielles, mais il a de vastes prairies naturelles et de nombreux arbres fruitiers, tels que pommiers, poiriers, cerisiers, pêchers, abricotiers, noyers, cognassiers, de belles châtaigneraies, surtout aux environs de Brive, et plus de 40,000 hectares de *forêts*. Les principales sont : celle de Chamberet, peuplée de sangliers; celles de Frétigne, de Saint-Privat, Saint-Sylvain, Salon, Meilhards, Turenne, Chirac, Bonnaigue, Soudeille, Arnac-Pompadour, etc. Les essences dominantes sont le chêne, le hêtre, le bouleau, l'aulne, le tilleul, l'érable, le frêne; le peuplier et le saule bordent les cours d'eau. Enfin, Tulle et Brive possèdent des pépinières. La flore du département est extrêmement variée.

Une *ferme-école* est établie aux Plaines, dans la commune de Neuvic.

XI

Industrie.

L'industrie manufacturière est peu développée dans le département, et l'exploitation des mines et carrières n'y est pas très-active. Pourtant la Corrèze est loin d'être dépourvue de richesses minérales. Il existe des gisements de *houille* sur le

Chavanon et la Dordogne, à Bort, Lapleau (près de Meymac), Meymac, Davignac, Mansac, Argentat, Saint-Chamans, Gimel, Cublac, Saint-Bonnet-la-Rivière, Allassac, Lanteuil, Malemort, la Chapelle-aux-Saints, etc.; mais il n'y a d'exploitations qu'à Lapleau, Cublac et Saint-Chamans. Les trois mines exploitées, à une profondeur maxima de 126 mètres, occupent 110 à 120 ouvriers, et produisent chaque année près de 60,000 quintaux métriques de houille.

De riches *mines de fer* existent à Estivals, Meilhars, Nespouls, Saint-Cernin-de-Larche, Chartriers-Ferrières, Saint-Robert, Turenne, au Deveix (commune de Bort), etc. Quatre minières exploitées fournissent annuellement 27,000 quintaux de fer aux hauts-fourneaux de la Corrèze, du Lot et de la Dordogne. — On trouve aussi sur le territoire de l'*antimoine* (à Argentat, Ayen, Ségur), du *plomb* sulfuré argentifère (Argentat, Ayen, Auriac, Nonards, Chabrignac (importante exploitation), Mercœur, Monestier-Port-Dieu ; Ribeyrol, près de Bort; Sadroc), du *cuivre* (Ayen, Turenne, Louignac, Yssandon), du sulfate de *baryte* (à Chabrignac), quelques indices d'*étain* (près d'Arnac-Pompadour), et, près de Meymac (où l'on trouve aussi du wolfram), la seule mine de *bismuth* exploitée en France.

La formation géologique de la Corrèze est très-variée. On y rencontre diverses variétés de granits, le gneiss, le micaschiste, un gîte calcaire au milieu du gneiss (à Gioux, près des bords du Chavanon) ; des lambeaux de terrain houiller (comme à Lapleau, près de Meymac), recouverts par le granit porphyroïde ; puis çà et là des roches amphiboliques et serpentineuses, enfin quelques coulées volcaniques (phonolithes et laves basaltiques) vers la limite orientale du département. Des lambeaux de schiste ardoisier reposent sur les gneiss traversés de filons de quartz amorphe. A l'une des extrémités du Plateau Central, puis au sud et au sud-ouest, viennent les terrains fossilifères, savoir : les grès houillers, de minces bandes de calcaire carbonifère, les grès rouges (vosgiens ou permiens?), les grès du trias ou grès bigarrés, et enfin la masse imposante des calcaires jurassiques, depuis le lias inférieur, parfois riche en gryphées arquées (Cousages, Lissac, Laroche), jusqu'à l'oolithe moyenne, où le minerai de fer se trouve en abondance. Enfin, près de Turenne et surtout dans la commune de Saint-Cernin-de-Larche, près du confluent de la Couze et de la Doux, on observe d'intéressants dépôts de travertin.

On exploite des *carrières de pierres de taille* dans les environs de Brive, notamment à Gramont, commune de Lissac (grès); à la Fage, à la Souleille, au Coutinard, commune de Noailles, à Nazareth, à Turenne (calcaires divers, la plus belle qualité vient du Coutinard), à Saint-Mathurin, Collonges (grès rouge), Eyrein, Sainte-Merd-les-Oussines (granit rose). La carrière de Saint-Martial-de-Gimel, à 13 ou 14 kilomètres de Tulle, fournit de bon granit blanc, et Ussel du granit bleuâtre. D'autres carrières peu importantes sont ouvertes sur divers points du département (Argentat, Beaulieu, etc.).

Les *meules à aiguiser* se tirent de Gramont, Noailhac, Collonges; les *meules à moulins*, celles dont on se sert dans les papeteries, sont extraites dans les environs de Brive (surtout dans les communes de Dampniat et de Sainte-Féréole), au moulin de la Grèze (commune de Saint-Cernin-de-Larche), à Monestier-Port-Dieu. La *pierre à chaux* vient principalement de Nazareth, de la Fage, du curieux gisement calcaire de Gioux et des environs de Beaulieu (chaux hydraulique). L'*ardoise* est exploitée au Saillant (communes de Voutezac et d'Allassac) et à Travassac (commune de Donzenac).

Le *kaolin*, ou terre à porcelaine, se rencontre à Sadrot, canton de Donzenac, où on l'exploite depuis quelques années; il en existe quelques lambeaux à l'état d'atterrissement au hameau de Rivière, près du Lonzac, vers Bugeat, Treignac, Égletons et Corrèze. La *lave* de Reilhac et de Bassignac est employée dans les constructions; on l'extrait surtout près du hameau de Visis, non loin du cratère d'où elle est sortie jadis.

Trois localités principalement possèdent des *eaux minérales*, Saint-Exupéry, Marcillac-la-Croisille et les Saulières (canton de Donzenac).

On trouve de la *tourbe* dans toute l'étendue et le pourtour du plateau de Millevaches; mais l'exploitation en est récente, et il est encore impossible de juger de ses résultats.

L'usine la plus importante du département est la **manufacture nationale d'armes de Tulle**, composée de plusieurs établissements séparés, établis dans divers lieux : à Tulle, au hameau de *Souillac* (3 kilomètres à l'ouest) et à (3 kilomètres au sud) *Laguenne*. Elle peut livrer annuellement jusqu'à 70,000 fusils. Souillac est le lieu où s'usinent les canons de fusils; à Tulle et dans les autres annexes se font les bois et les autres pièces. Le nombre des ouvriers employés dans les diverses maisons de la manufacture varie de 1,500 à 3,000. — Les autres établissements métallurgiques du département sont : les *forges* (avec feu d'affinerie) de Pissac (commune de Beyssenac); celles du Chavanon (commune de Monestier-Merlines), comprenant un haut-fourneau, des fonderies et 2 feux d'affinerie; les forges et aciérie de la Grènerie (commune de Salons); les forges de la Marque et du Coupar (commune de Tulle), etc. Plusieurs de ces forges sont actuellement fermées.

Parmi les *filatures* de laine ou de coton, nous citerons celles d'Argentat, de Meymac et Vigeois. Près de Bort, non loin de la magnifique cascade de la Rue, se trouve une importante usine pour le *moulinage de la soie*, qui forme avec sa chapelle, l'habitation du directeur, etc., un véritable hameau. Les soies brutes viennent de Lyon, où elles retournent filées. 600 jeunes filles sont employées à cette industrie; des sœurs, qui tiennent aussi une pharmacie, leur procurent une nourriture saine à un prix modique. — On fabrique dans le département des bas et gilets de laine, des *droguets* et différentes étoffes. Argentat, Bort, Tulle, Treignac, Ussel, Beaulieu, Cueil et Feix, près de Tulle, ont des carderies; Aubazine, une blanchisserie de toiles.

Les principales *papeteries* sont celles de Laguenne, Malemort (papier de paille), du Pricur (près de Brive), de Tulle et d'Uzerche. Argentat, Brive, Beaulieu, Bort, Donzenac, Ussel.

Treignac et Uzerche possèdent des *tanneries;* Beaulieu, Bort, Brive, Tulle, Uzerche, Ussel, Meymac, Neuvic, des *teintureries;* plusieurs de ces villes ont aussi des corroieries.

Brive est renommée pour sa *moutarde* violette et pour ses *conserves alimentaires,* qui se fabriquent aussi à Pompadour et à Tulle. Enfin, le département renferme des fabriques de *poteries* (à Tulle, Brive, Donzenac, Neuvic), de tuyaux de drainage (à Brive), de bougies (Tulle), de cire (Bort, Brive, Treignac), de *chapeaux* (Bort, Brive, Laguenne, Tulle, Treignac, Argentat), de *chaises* (Brive, Tulle, Ussel, Égletons), d'attelles (Meymac, qui confectionne aussi des chaussures, ainsi que Uzerche et Bort), un atelier de taillanderie (à Brive), des ateliers d'enveloppes de bouteilles en paille (Laguenne, Argentat), des brasseries (à Tulle, Brive, Chameyrat, Malemort, Bort, Treignac), des huileries (à Saint-Hilaire-le-Peyroux, Meyssac, Saillac, Brive, la Chapelle-aux-Saints), des scieries (à Bort, Vigeois), des fabriques de sabots et galoches (à Brive, Ussel, Bort), des fours à chaux (à Brive, Larche, Sainte-Aulaire, Ayen, Perpezac-le-Noir, Perpezac-le-Blanc, Brive, Nonards, Tudeil, Végennes, etc.), des tuileries (Tulle, Beaulieu, Bort), enfin de nombreux moulins.

XII

Commerce, chemins de fer, routes.

La Corrèze *exporte :* des bestiaux (bœufs gras jeunes, veaux, moutons et porcs), des chevaux et mulets, des vins communs, des bois de construction et merrains, du fer, du bismuth, de la houille, de l'huile de noix, des cuirs, du papier, des truffes, des volailles truffées ; des pâtés de foies gras, d'oies et de canards, expédiés au loin ; des conserves alimentaires, notamment de champignons ; de la moutarde violette de Brive ; des châtaignes, des fruits, etc.

Il *importe :* des matières premières pour ses filatures, des denrées coloniales, des articles d'épicerie, de librairie, de modes, de nouveautés, d'horlogerie, d'ameublement, de verrerie, des fruits secs du Midi, des liqueurs, des sucres de betteraves, et environ 52,000 quintaux métriques de houille provenant d'Aubin (Aveyron) et de Carmaux (Tarn).

Le département est traversé par 3 chemins de fer, d'un développement total de 108 kilomètres et demi.

1° Le chemin de fer *de Périgueux à Toulouse* traverse l'extrémité sud-ouest du département. Il y entre à 500 mètres au delà de la gare de Terrasson, dessert les stations de la Rivière-de-Mansac, Larche, Brive, Turenne, et passe à 500 mètres de Turenne, dans le département du Lot. Parcours, 35 kilomètres.

2° L'embranchement *de Brive à Tulle* (26 kilomètres) a pour stations Aubazine, Cornil et Tulle.

3° La ligne *de Limoges à Brive* a son embranchement à Nexon, sur la ligne de Limoges à Périgueux ; passant à Saint-Yriex et Coussac-Bonneval, elle entre dans le département de la Corrèze à 1,250 mètres en avant de la station de Saint-Julien-le-Vendômois, à l'intersection des communes de Coussac-Bonneval et Saint-Julien-le-Vendômois ; elle dessert les stations de Saint-Julien-le-Vendômois, Lubersac, Pompadour, Vignols-Saint-Solve, Objat, Burg-Allassac, Varetz, et s'embranche à la ligne de Périgueux à Brive près de la gare de Brive. Parcours, 47,500 mètres.

Sur un parcours de 2,500 mètres, dans la traversée du département de la Corrèze, cette ligne offre des ouvrages d'art remarquables : le viaduc de Pompadour, sur la vallée du Rouchat, d'une longueur de 285 mètres et d'une hauteur maximum de 55 mètres ; ses arches ont 25 mètres d'ouverture ; le viaduc de la Sagne, élevé de 36 mètres 40 centimètres, long de 158 mètres ; le viaduc de Vignols, 252 mètres de longueur, 24 mètres 50 centimètres de hauteur ; celui du Sarget, longueur 143 mètres, hauteur 24 mètres 45 centimètres.

Un autre chemin de fer allant de Tulle à Clermont-Ferrand,

DICTIONNAIRE DES COMMUNES REMARQUABLES. 43

par Ussel, est en voie de construction; on y travaille activement. Cette nouvelle ligne sera reliée à la ligne d'Aurillac par un chemin de fer passant à ou près Bort.

Les voies de communication comptent 6,206 kilomètres :

```
3 chemins de fer. . . . . . . . . . . . . . . .   108 k 1/2
5 routes nationales. . . . . . . . . . . . . .   372
9 routes départementales. . . . . . . . . . .   440
                  ⎧ 31 de grande commu-
                  ⎪    nication. . . . . .  1,074  ⎫
1,414 chemins vi- ⎨ 43 de moyenne commu-         ⎬ 5,201 1/2
    cinaux. . .  ⎪    nication. . . . . .    777 1/2 ⎪
                  ⎩ 1,340 de petite commu-
                       nication. . . . . .  3,350  ⎭
1 rivière navigable. . . . . . . . . . . . . . .   84
```

XIII

Villes, bourgs, villages et hameaux curieux.

Aix, canton d'Eygurande. ⟶ Restes de la voie romaine de Bordeaux à Lyon.

Allassac, canton de Donzenac. ⟶ Belle tour à mâchicoulis, du XIII° siècle.

Altillac, canton de Mercœur, dans une position charmante. ⟶ Dans l'église, cuve baptismale en marbre supportée par des lions (XII° siècle). — Château de la Majorie. — Deux dolmens, près du hameau de la Borderie.

Angel (Saint-), canton d'Ussel. ⟶ Église du XII° siècle (monument historique [1]), ancienne dépendance d'un prieuré ; trois belles et curieuses nefs, revoûtées au commencement du XVI° siècle ; transsept et large abside de la fin du XIV° siècle ; restes des bâtiments du prieuré, convertis en presbytère.

Angles (Les), canton (Sud) de Tulle. ⟶ Tombelles.

Argentat, chef-lieu de canton, sur la Dordogne. ⟶ Dans la bibliothèque communale, antiquités provenant des fouilles de Longour, où se trouvait une station romaine. — Pont suspendu.

Arnac-Pompadour, canton de Lubersac. ⟶ Curieuse église du XII° siècle (monument historique) ; trois anciennes statuettes sur la façade ; nef unique ; transsept ; chœur composé de trois absides ayant, réunies, la forme d'un trèfle. — Pour Pompadour, V. ce mot.

Astaillac, canton de Beaulieu. ⟶ Ruines du château d'Estresses, sur les bords de la Dordogne, à l'entrée de la vallée où Raoul de Bourgogne battit les Normands (V. *Histoire*); dans cette vallée, sites charmants.

Aubazine, canton de Beynat. ⟶ Belle église (monument historique) du XII° siècle, en forme de croix ; deux

---

[1] On appelle *monuments historiques* les édifices reconnus officiellement comme présentant de l'intérêt au point de vue de l'histoire de l'art, et susceptibles, pour cette raison, d'être subventionnés par l'État.

portes sculptées; jolie tour octogonale au centre du transsept ; fresques du XIIIᵉ siècle ; précieux vitraux en grisaille, de la même époque que l'église; magnifique tombeau de saint Étienne, fondateur de l'église et de l'abbaye dont elle dépendait ; armoire en chêne du XIIᵉ siècle. — Dans un vallon étroit, ruines de l'abbaye de femmes de Coyroux. — Dans les environs, canal agricole creusé dans le granit et appelé la coupe de saint Étienne. Dolmen dit del Bos héritier.

Aulaire (Sainte-), canton d'Ayen. ⟶ Château ruiné avec souterrains.

Auriac, canton de Saint-Privat.

Château de Bazaneix, près de Saint-Fréjoux-le-Majeur.

⟶ Gorges étroites et pittoresques, profondes de plus de 200 mètres, où la Dordogne reçoit la Luzège. — Restes de l'abbaye de Valette.

Ayen, chef-lieu de canton. ⟶ Église dont le sanctuaire (XIVᵉ siècle) est entouré d'enfeus nombreux et remarquables, et appuyé d'un contrefort ayant servi de fanal funéraire.

Bassignac-le-Haut, canton de Saint-Privat. ⟶ Croix du XVᵉ siècle.

Beaulieu, chef-lieu de canton, sur la Dordogne. ⟶ Vaste église (monument historique) des XIIᵉ et XIIIᵉ siècles, ayant appartenu à une puissante abbaye de bénédictins ; façade gothique flan-

Brive.

quée d'une tour quadrangulaire ; magnifique portail au midi, l'œuvre artistique la plus remarquable du département. Ce portail était jadis abrité par une voûte dont il ne reste que les supports, entièrement couverts de sculptures malheureusement incomplètes et mutilées. Les reliefs de droite représentent Daniel dans la fosse aux lions, l'Avarice et la Luxure ; à gauche sont figurées la Tentation du Christ et sa Victoire sur les démons. Les faces antérieures des jambages étaient ornées des statues du Christ et de la Vierge, aujourd'hui à moitié détruites. Un élégant trumeau, découpé en lobes et flanqué de grandes cariatides, divise la porte en deux baies et supporte un épais linteau, surmonté lui-même d'un vaste tympan. Les effigies en demi relief de saint Pierre et de saint Paul ornent les piédroits latéraux. Des rosaces d'un goût excellent et des monstres savamment sculptés occupent le linteau. Au tympan ont été sculptés d'autres animaux, réels ou fantastiques, et la grande scène du Jugement dernier, présidée par Jésus-Christ et ses douze Apôtres. L'intérieur comprend : trois nefs, avec de petites tribunes ; un transsept, dont le centre supporte une tour octogonale, et une abside centrale qu'entoure un bas-côté tournant flanqué de trois chapelles. Quelques chapiteaux présentent des sculptures assez curieuses. L'église de Beaulieu possède une précieuse statue de la Vierge, du XII° siècle, en lames d'argent rehaussées de filigranes et d'entailles. — Chapelle du XII° siècle, autrefois église paroissiale. — Restes des murs de la ville (XII° siècle). — Vieilles maisons des XIII°, XV° et XVI° siècles ; en face de l'église, maison (restaurée) ornée de nombreuses et fines sculptures du XV° siècle ; remarquable cheminée.

Beynat, chef-lieu de canton. ⟶ Dolmen dit la Cabane des Fées, près du hameau de Brugeilles.

Beyssac, canton de Lubersac. ⟶ Belle petite église aux armes du pape Innocent VI, qui l'aurait fait bâtir. — Sur la Loyre, chartreuse de Glandier et couvent moderne de Chartreux.

— Château de Monts, berceau du pape Innocent VI. — Ruines pittoresques du château de la Rivière, où est établie une succursale des haras de Pompadour.

Bonnet-la-Rivière (Saint-), canton de Juillac. ⟶ Curieuse église du XI° siècle, en forme de rotonde, avec bas-côté circulaire. — Château ruiné.

Bonnet-le-Pauvre (Saint-), canton de Merccœur. ⟶ Agglomération de petites tombelles sur le puy d'Africou et dans ses environs.

Bort, chef-lieu de canton, sur la Dordogne, au pied des Orgues, rocher basaltique, d'où l'on jouit d'un des plus beaux panoramas de France sur la Dordogne, la Rue et une partie du département du Cantal. ⟶ Église du XII° et du XV° siècles. — Buste de Marmontel, sur la promenade. — Saut de la Saule, une des plus belles cascades de la France, tant pour la beauté du site que pour la masse des eaux, très-considérable même pendant les sécheresses. La Rue, qui forme cette cascade, coule, avant d'y arriver, au fond d'une gorge extrêmement pittoresque, dans un lit semé de rochers polis comme du marbre, sur lesquels elle se brise avec fracas, et dominé sur la rive gauche par des rochers à pic couronnés d'arbres ; puis elle fait une première chute de 3 à 4 mètres, divisée par un rocher en deux branches d'inégal volume. Les eaux, se rassemblant alors dans une espèce de cuve où elles tourbillonnent avec rapidité, vont, à 10 mètres de là, se précipiter de 7 à 8 mètres de hauteur, avec un bruit terrible, dans un bassin creusé à une grande profondeur dans le gneiss porphyrique et dominé par un rocher appelé la *Tribune aux harangues*. Là, les flots s'apaisent et la Rue s'engouffre avec lenteur dans un profond couloir, large de 4 à 7 mètres, bordé des deux côtés par une muraille de roches absolument à pic, du plus beau poli, et de 8 à 10 mètres de hauteur.

Brive-la-Gaillarde, chef-lieu d'arrondissement, agréablement situé sur la rive gauche de la Corrèze, au milieu d'un paysage charmant, et entouré de beaux boulevards. Malheureusement, l'aspect intérieur de la ville, qui rappelle en-

Turenne.

core le moyen âge, ne répond pas aux promesses que fait concevoir l'aspect extérieur. →→ Plusieurs monuments anciens de Brive sont toutefois remarquables ; le plus important est l'*église Saint-Martin* (monument historique), construite sur de vastes proportions à la fin du XII° siècle. Elle comprend : trois nefs d'égale hauteur, séparées par de hardis piliers cylindriques, dont quelques-uns ont sensiblement dévié de la verticale ; un transsept, remanié extérieurement au XVII° siècle, et trois absides dont les parties supérieures datent aussi du XVII° siècle. Le portail principal offre de jolies sculptures, dont les motifs se répètent sur un ancien bénitier placé près de la porte latérale du nord. Le chœur renferme un élégant lutrin en fer forgé du XIII° siècle. — Restes de l'ancienne *église Saint-Libéral* (XIII° siècle). — Remarquable *petit séminaire*, en partie de la Renaissance. — Belle colonnade devant le *collége*, qui date de 1569. — Curieuses *maisons* des XV° et XVI° siècles, à tourelles ; deux ou trois autres maisons ont conservé en grande partie leurs façades des XII° et XIII° siècles. — *Statues* en bronze du maréchal Brune et de son beau-frère le docteur Majour, bienfaiteurs de la ville. — *Pont* sur la Corrèze, construit par l'abbé Dubois, frère du cardinal de ce nom. — Sur le territoire de Brive existent des grottes préhistoriques.

Bugeat, chef-lieu de canton.

Cellette (La), commune de Monestier-Merlines, canton d'Eygurande. →→ Vaste asile d'aliénés, installé dans l'enclos d'un ancien monastère.

Cernin-de-Larche (Saint-), canton de Larche. →→ Église romane. — Pittoresque village de la Roche, dans un vallon formant à son extrémité un beau cirque géologique aux escarpements de calcaire ; au pied de ces escarpements, jolie source de la Dou. — Tombelles. — Dolmen.

Chamans (Saint-), canton d'Argentat. →→ Château ruiné.

Chambéret, canton de Treignac. →→ Dans l'église, grande châsse en cuivre émaillé du XII° siècle.

Champagnac-la-Prune, canton de la Roche-Canillac. →→ Profondes et pittoresques gorges de la Doustre.

Chapelle-aux-Brocs (La), canton de Brive. →→ Château ruiné du Cairo.

Chasteau, canton de Larche. →→ Site pittoresque. — Château ruiné de Couzage (XIV° siècle), dans la forêt de ce nom. — Rocher de Pille-Brive, entouré d'un fossé et surmonté de débris de murs. — Sources du Blagour.

Cirgues (Saint-), canton de Saint-Privat. →→ Ruines du château de Veilhan.

Clergoux, canton de la Roche-Canillac. →→ Château de Sédières (XIV° siècle), remanié à la Renaissance.

Collonges, canton de Meyssac. →→ Église : beau clocher roman ; ancien portail sculpté, dont les fragments ont été dispersés sur le mur de façade. — Maisons intéressantes.

Cornil, canton (Sud) de Tulle. →→ Église romane. — Tour féodale (XV° siècle). — Le Puy-Pauliac, ancienne forteresse présumée gauloise. — Dépôt de mendicité de Rabès.

Corrèze, chef-lieu de canton, sur la Corrèze. →→ Pèlerinage de Notre-Dame du Pont-de-Salut.

Curemonte, canton de Meyssac. →→ Château de Plas.

Cyr-la-Roche (Saint-), canton de Juillac. →→ Église du XV° siècle (monument historique).

Darnets, canton de Meymac. →→ Château de Lieuteret, bâti au XVII° siècle par la veuve du connétable de Montmorency.

Donzenac, chef-lieu de canton. →→ Clocher remarquable du XIV° siècle. — Restes de l'enceinte murale.

Égletons, chef-lieu de canton.

Espagnac, canton de la Roche-Canillac. →→ Château du Puy-du-Val.

Espartignac, canton d'Uzerche. →→ Dolmen de la Maison du Loup.

Estivaux, canton de Vigeois. →→ Dolmen.

Étienne-la-Geneste (Saint-), canton de Neuvic. →→ Tombelles.

Eyburie, canton d'Uzerche. →→ Tumulus. — Château ruiné.

Eygurande, chef-lieu de canton.

Favars, canton (nord) de Tulle. ⟶ Église du xi⁰ siècle.

Fortunade (Sainte-), canton (sud) de Tulle. ⟶ Dolmen de Clair-Fage.

Fréjoux-le-Majeur (Saint-), canton d'Ussel. ⟶ Restes de l'abbaye de Bonnaigue. — Château de Bazaneix (xvi⁰ siècle).

Geniès-ô-Merle (Saint-), canton de Saint-Privat. ⟶ Belles ruines des Tours de Merle.

Gimel, canton (sud) de Tulle. ⟶ Célèbre cascade de Gimel, « qui serait une des plus belles de la France, si le volume de ses eaux répondait à la hauteur des rochers d'où elle se précipite. Ce n'est pas une seule chute, mais bien une suite de cascades, dont la hauteur totale est de 125 mètres. On en compte cinq principales et autant de secondaires. Il est impossible de voir toutes ces chutes d'un seul coup d'œil, et on ne peut en approcher que successivement à cause des circuits du canal que les eaux se sont creusé entre les montagnes. La chute supérieure, divisée en trois parties par des rochers aigus, a environ 45 mètres de hauteur, et, quand les eaux sont abondantes, une largeur de 5 mètres. Lorsque la rivière est grossie par les pluies, les trois cascades se confondent en une seule, qui offre alors un coup d'œil imposant. Au-dessous de cette première chute, on en trouve une seconde où l'eau suit un plan incliné formé par un rocher d'environ 27 mètres de hauteur. Il y a encore deux autres cascades au-dessous de celle-là. » La première des deux est magnifique. — Beaux rochers. — Ruines d'un château et d'une église. — Dans l'église, précieux reliquaires. — Croix en pierre du xiv⁰ ou du xv⁰ siècle

Goulles, canton de Mercœur. ⟶ Sur un promontoire dominant une gorge escarpée, belles ruines des tours de Carbonnières.

Graulière (La), canton de Seilhac. ⟶ Château ruiné de Blanchefort, berceau d'un grand-maître de Malte.

Hilaire-les-Courbes (Saint-), canton de Treignac. ⟶ Saut de la Virole, une des plus belles cascades de France, formée par la Vézère. Après deux petites chutes, la rivière tombe d'une plate-forme dans un gouffre de profondeur inconnue. La hauteur de la chute principale est d'environ 15 mètres. Au-dessus comme au-dessous, la Vézère roule avec rapidité ses eaux assombries par les hauts rochers couronnés d'arbres, dont elle ronge incessamment la base.

Juillac, chef-lieu de canton. ⟶ Ruines d'un château.

Laguenne, canton (Sud) de Tulle. ⟶ Église du xii⁰ siècle avec curieuses inscriptions et une suspension de cuivre émaillé en forme de colombe. — Maison du xiv⁰ siècle, bâtie par le cardinal Sudre, né à Laguenne.

Lapleau, chef-lieu de canton, sur une colline dominant les pittoresques gorges de la Luzège.

Larche, chef-lieu de canton, au confluent de la Vézère et de la Couze.

Liginiac, canton de Neuvic. ⟶ Belles pentures (vantaux à ferrures) du xii⁰ siècle à la porte de l'église, dont le sanctuaire est d'un style roman très pur. — Château ruiné de Peyroux.

Ligneyrac, canton de Meyssac. ⟶ Ruines de deux châteaux.

Lissac, canton de Larche. ⟶ Châteaux de Moriolles (xvii⁰ siècle) et de Lissac.

Lostanges, canton de Meyssac. ⟶ Château ruiné.

Lubersac, chef-lieu de canton. ⟶ Beau château du xv⁰ siècle, rebâti de nos jours. — Maison de la Renaissance. — Église romane, aux curieux chapiteaux. — Vieux clocher sur la place. — Tumulus.

Malemort, canton de Brive. ⟶ Église romane; portail sculpté. — Ruines d'un château féodal, détruit au xv⁰ siècle par les habitants de Brive. — Château ruiné de Breniges.

Marie-la-Panouze (Sainte-), canton de Neuvic. ⟶ Vieux château d'Anglars, sur un rocher qui domine la Dordogne de 250 mètres.

Masseret, canton d'Uzerche. ⟶ Beaux sites; vue étendue. — Camp présumé romain. — Motte bien conservée.

Mazière-Basse (La), canton de Neuvic. ⟶ Château ruiné de Rous sille, où a séjourné mademoiselle de Fontanges.

Mazière-Haute (La), canton d'Eygurande. ➻ Dolmen.

Ménoire, canton d'Argentat. ➻ Enceintes antiques de Roc de Vic (*V.* Albussac) et de Châtellux.

Mercœur, chef-lieu de canton.

Merd-lès-Oussines (Saint-), canton de Bugeat. ➻ Château ruiné des Oussines. — Restes d'un monument gallo-romain perdu dans une lande et improprement connu sous le nom de château des Cars. Il offre toute l'apparence d'une basilique, probablement chrétienne, accompagnée de sa cuve d'immersion, célèbre dans tout le pays sous le nom de Bac des Cars.

Meymac, chef-lieu de canton, sur la Luzège. ➻ Curieuse église romane (monument historique), autrefois dépendance d'une abbaye dont il reste des bâtiments peu anciens. Triple porche intérieur, du xie siècle, avec curieux chapiteaux ; large nef sans bas-côtés, transsept et trois absides du xiie siècle. — Tour ronde à mâchicoulis (xve siècle), reste des fortifications du moyen âge.

Meyssac, chef-lieu de canton.

Monceaux, canton d'Argentat. ➻ Enceinte antique sur le puy du Hour, colline presque enfermée dans un méandre de la Dordogne.

Montgibaud, canton de Lubersac. ➻ Château de Fursac, flanqué de vieilles tours ; beaux jardins.

Moustier-Ventadour, canton d'Égletons. ➻ *V.* Ventadour.

Murat, canton de Bugeat. ➻ Dolmen.

Naves, canton (nord) de Tulle. ➻ Dans l'église, boiseries remarquables. — Ruines d'un monument romain dit les Arènes de Tintignac. — Tumulus de Chaunac. — Motte féodale du Châtelard.

Nazareth, communes de Turenne et de Jugeals. ➻ Nombreuses maisons des xive et xve siècles. — Chapelle d'une ancienne commanderie de Templiers.

Nespouls, canton de Brive. ➻ Église du xie siècle.

Neuvic, chef-lieu de canton. ➻ Belle église du xie siècle. — Restes des murs d'enceinte de la ville. — Ruines des châteaux de Chambon (xiiie siècle) et de Pennacorn.

Neuville, canton d'Argentat. ➻ Ruines d'un château ; haute tour crénelée.

Noailles, canton de Brive. ➻ Du château, très-belle vue. Ce château a été orné de sculptures provenant du château de la Fage, ancienne résidence des comtes de Noailles. — Dans la forêt de la Fage, gouffre à deux ouvertures verticales. — Perte de la Couze. — Grottes de Lamouroux, à trois étages, creusées de main d'homme. — Grottes de Monrajoux, également artificielles.

Nouailhac, canton de Meyssac. ➻ Châteaux ruinés.

Obazine, *V.* Aubazine.

Orgnac, canton de Vigeois. ➻ Château ruiné de Comborn, sur un promontoire aride dominant la Vézère.

Pantaléon-de-Lapleau (Saint-). ➻ Site très-pittoresque. — Ruines.

Pardoux-Corbier (Saint-), canton de Lubersac. ➻ Tumulus dit la Motte.

Pardoux-le-Vieux (Saint-), canton d'Ussel. ➻ Ruines du château de Confolens, dans la forêt de ce nom.

Peyrelevade, canton de Sornac. ➻ Pierres mégalithiques, creusées en forme de bassins.

Peyrissac, canton de Treignac. ➻ Château ruiné.

Pompadour, commune d'Arnac-Pompadour (*V.* ce mot). ➻ Beau château des xve et xvie siècles, flanqué de tours rondes à mâchicoulis, remanié par madame de Pompadour, à qui il appartint sous Louis XV, et occupé aujourd'hui par un haras important.

Port-Dieu (Le), canton de Bort. ➻ Restes d'un important prieuré.

Priest-de-Gimel (Saint-), canton (Sud) de Tulle. ➻ Beaux étangs.

Privat (Saint-), chef-lieu de canton.

Remi (Saint-), canton de Sornac. ➻ Ruines de la forteresse de Mirambel.

Rilhac-Treignac, canton de Treignac. ➻ Camp présumé gaulois. — Ruines d'un château.

Issel.

Robert (Saint-), canton d'Ayen. ⟶ Grottes.— Église du XIIe siècle (monument historique).

Roche-Canillac (La), chef-lieu de canton. ⟶ Rochers remarquables. — Cascade de Crévesac, tombant de 50 mètres de hauteur, près du roc énorme appelé Roc Morel. — Ruines du château de Canillac.

Roche-le-Peyroux, canton de Neuvic. ⟶ Admirables gorges.

Rosiers-d'Égletons, canton d'Égletons. ⟶ Ruines du château de Maumont, patrie des papes Clément VI et Grégoire XI.

Saillac, canton de Meyssac. ⟶ Église romane; petit porche sculpté.

Saillant (Le), commune de Voutezac. ⟶ Ce hameau occupe un des sites les plus pittoresques du Limousin, au bord de la Vézère, qui coule en écumant sur des rocs granitiques formant de jolies îles, près d'un vieux manoir où séjourna Mirabeau.

Salons, canton d'Uzerche. ⟶ Ruines d'une haute tour penchée.— Motte.

Ségur, canton de Lubersac. ⟶ Chapelle du XIIe siècle (monument historique). — Ruines imposantes d'un château. — Maisons anciennes.

Seilhac, chef-lieu de canton. ⟶ Ancien château de Pissevache, près de l'étang du même nom.

Servières, chef-lieu de canton avant 1865, aujourd'hui dans le canton de Saint-Privat. ⟶ Petit séminaire, occupant un ancien château des Turenne. — Chapelle de la Vierge (1865), dans un site pittoresque, près d'une cascade.— Ancienne église prieurale de Glénic. — Ruines de l'enceinte qui entourait le bourg.

Sexcles, canton de Mercœur. ⟶ Cascade.

Sornac, chef-lieu de canton. ⟶ Église du XIIe siècle; belles voûtes. — Ruines du château de Rochefort, sur un rocher inaccessible, au pied duquel coule un bras de la Diége; une aile a été reconstruite au XVIIe siècle; la chapelle, du XIe siècle, contient de nombreuses pierres tumulaires des XIVe et XVe siècles.

Soudaine-la-Vinadière, canton de Treignac. ⟶ Tombelles.

Soudeilles, canton de Meymac. ⟶ Belle église; tombeau du XIVe siècle, orné de sculptures remarquables; dans le trésor, buste en vermeil de saint Martin, dont la mitre est ornée d'émaux d'un travail précieux.

Soursac, canton de Lapleau. ⟶ Pittoresques gorges de la Luzége et de la Dordogne.

Treignac, chef-lieu de canton, dans un beau site, sur la Vézère, qui coule dans une profonde vallée. ⟶ Château ruiné.— Pont du XVe siècle.

Tulle, chef-lieu du département, ville pittoresquement située dans une vallée profonde, étroite et pittoresque, au confluent de la Corrèze et de la Solane. ⟶ Importante manufacture d'armes à feu. — *Église Saint-Martin* (monument historique), primitivement abbatiale, érigée en cathédrale en 1317. Elle se compose d'un porche et de six travées de nef; le chœur fut détruit en 1793, et n'a pas été rebâti. Le porche, ouvert de trois côtés par des arcades en ogive, est surmonté d'un beau clocher du XIVe siècle, orné de quelques statues et couronné par une magnifique flèche dentelée, en pierre. Ce clocher, haut de 71 mètres, est le monument le plus élevé du département de la Corrèze. La porte, du XIIe siècle, comme tout le reste de l'église (le mur terminal excepté), est accompagnée d'ornements assez curieux. La nef principale et les nefs latérales ont chacune leurs fenêtres; les grandes voûtes sont de la fin du XIIe siècle. Les vitraux sont modernes. Au S. de la cathédrale sont les belles ruines d'un cloître du XIIIe siècle, en voie de restauration, et quelques débris des bâtiments de l'ancienne abbaye (salle capitulaire de la fin du XIIe siècle; joli clocheton de la même époque; traces de peintures murales, la plupart du XVIIe siècle). — Au N. de l'église, *maison* remarquable du XVe et du XVIe siècles. — Dans plusieurs *maisons*, détails intéressants des XIIe, XIIIe et XIVe siècles. — Belle *préfecture* moderne, style Louis XIII. — Ancien *collége* des Jésuites (1620), dont l'église sert de halle. — *Théâtre* (1828).

Turenne, ville du canton de Meyssac, située en amphithéâtre sur un roc dominant la Tourmente. ➻ Magnifiques ruines du château des vicomtes de Turenne (monument historique). Assises sur une enceinte rocheuse qu'on dirait taillée de main d'homme et qui forme une sorte de soubassement, elles sont dominées par deux belles tours : l'une (xiv° siècle), appelée la tour du Trésor, est un vaste donjon rectangulaire à contreforts; l'autre (xii° siècle), remarquable par sa hauteur, son élégance et son étonnante conservation, est cylindrique et porte, on ne sait pourquoi, le nom de tour de César. — La plupart des rues de la ville ont conservé, plus ou moins intactes, leurs maisons gothiques avec fenêtres à meneaux, dont quelques-unes remontent au xiii° siècle.

Ussac, canton de Brive. ➻ Ruines du château de Lentillac, au-dessous desquelles s'étend un souterrain creusé dans le roc.

Ussel, chef-lieu d'arrondissement, sur une colline, entre la Sarsonne et la Diége, dans une sorte de presqu'île, situation qui a porté quelques savants à voir dans cette ville l'antique *Uxellodunum*. ➻ *Église* (monument historique) des xii° et xv° siècles, à trois nefs; façade et clocher modernes. — Sur une place, *aigle romaine* en granit, remontant au ii° ou au iii° siècle. — *Maisons* anciennes. — *Chapelle de Notre-Dame de la Chabanne*, but de pèlerinage.

Uzerche, chef-lieu de canton, dans une situation des plus pittoresques, sur un promontoire dont la Vézère fait presque le tour. ➻ Église (mon. historique) des xi° et xii° siècles ; trois nefs, transsept, chœur avec déambulatoire et cinq chapelles rayonnantes ; façade flanquée d'une tour de défense ; sur la deuxième travée de la nef, magnifique clocher roman, carré à sa base, octogonal au sommet, orné de pignons sur chaque face. Sous le chœur et les cinq chapelles s'étend une crypte très-remarquable. — Maisons du xii° au xvi° siècle. — Ruines du château de Fargeas. — Dans les bois, monuments mégalithiques de la Table du Loup. — Sites pittoresques.

Varetz, canton de Brive. ➻ Château de Castel-Novel, sur la Vézère, ayant appartenu à la famille d'Aubusson (vue magnifique). — Restes d'une commanderie de Templiers.

Veix, canton de Treignac. ➻ Belle pierre mégalithique, sorte de bassin, sur le puy Pontou.

Ventadour, commune de Moustier-Ventadour. ➻ Sur un promontoire escarpé, creusé par les eaux de deux petites rivières, magnifiques ruines d'une des forteresses les plus considérables du Limousin.

Viance (Saint-), canton de Donzenac. ➻ Église du xi° siècle; châsse émaillée très-remarquable des xii° et xiii° siècles.

Vigeois, chef-lieu de canton. ➻ Église romane, reste d'une abbaye, illustrée au xiii° siècle par l'importante chronique à laquelle elle a donné son nom.

Vignols, canton de Juillac. ➻ Remarquables viaducs du chemin de fer de Limoges à Brive.

Voutezac, canton de Juillac. ➻ V. le Saillant.

Yssandon, canton d'Ayen. ➻ Vue admirable. — Ruines d'une forteresse importante; tour du xiv° ou du xv° siècle.

Ybard (Saint-), canton d'Uzerche. ➻ Tombelle.

A LA MÊME LIBRAIRIE — DU MÊME AUTEUR

ITINÉRAIRE GÉNÉRAL DE LA FRANCE
(Ces volumes se vendent reliés.)

I. **Paris illustré.** 1 vol. de 1200 pages, contenant 442 vignettes dessinées sur bois, un grand plan de Paris, les plans des bois de Boulogne et de Vincennes, du Louvre, du Père-Lachaise, du Jardin des Plantes, etc. 3ᵉ édit. 12 fr.

II. **Environs de Paris illustrés.** 1 vol. de 690 pages, contenant 245 gravures, une grande carte des environs de Paris et 7 autres cartes et plans. 2ᵉ édition, précédée d'un appendice relatif à la guerre de 1870-1871. . . 9 fr.

III. **Bourgogne, Franche-Comté, Savoie.** 1 vol. de 600 pages, contenant 11 cartes, 5 plans et 1 panorama. 8 fr.

IV. **Auvergne. Dauphiné, Provence.** 1 vol. de 900 pages, contenant 12 cartes, 11 plans et 1 panorama. 10 fr.

V. **Loire et Centre.** 1 volume de 730 pages, contenant 26 cartes et 10 plans. . . . . 12 fr.

VI. **Pyrénées.** 1 vol. de 775 pages, contenant 7 cartes, 1 plan et 9 panoramas. 3ᵉ édition. . . . . 12 fr.

VII. **Bretagne.** 1 vol. de 600 pages, contenant 10 cartes et 7 plans, 2ᵉ édition. . . . . 10 fr.

VIII. **Normandie.** 1 vol. de 650 pages, contenant 7 cartes et 4 plans. 2ᵉ édition. . . . . 10 fr.

IX. **Nord.** 1 vol. de 450 pages, contenant 7 cartes et 8 plans. . . 8 fr.

X. **Vosges et Ardennes.** 1 vol. de 764 pages, contenant 14 cartes et 7 plans. . . . . 11 fr

DICTIONNAIRE GÉOGRAPHIQUE
ADMINISTRATIF, POSTAL, STATISTIQUE, ARCHÉOLOGIQUE, ETC.

DE LA FRANCE, DE L'ALGÉRIE & DES COLONIES
INDIQUANT POUR CHAQUE COMMUNE

la condition administrative, la population, la situation géographique, l'altitude, la superficie; la distance aux chefs-lieux de canton, d'arrondissement et de département; les bureaux de poste et de télégraphie électrique, les stations et correspondances de chemins de fer; la cure ou succursale, les établissements d'utilité publique ou de bienfaisance; donnant tous les renseignements administratifs, judiciaires, ecclésiastiques, militaires, maritimes, commerciaux, industriels, agricoles; énumérant les richesses minérales, les curiosités naturelles ou archéologiques, les collections d'objets d'art ou de sciences; renfermant, outre la description détaillée de tous les cours d'eau, de tous les canaux, de tous les phares, de toutes les montagnes, des notices géographiques, administratives et statistiques sur les 89 départements de la France, sur l'Algérie et sur les colonies.

Deuxième édition, entièrement revisée et considérablement augmentée

Avec un Appendice contenant les résultats généraux du recensement de 1872, et suivie d'un Supplément contenant la liste des communes qui ont cessé, par suite du traité de 1871, de faire partie du territoire français.

Un volume grand in-8 de 2700 pages à 2 colonnes, broché, 25 fr.
28 fr. 25 cartonné en percaline; 30 fr. relié en demi-chagrin.

PETIT DICTIONNAIRE GÉOGRAPHIQUE DE LA FRANCE

1 volume in-12 de 800 pages à 2 colonnes, cartonné . . . . . 6 fr.

ATLAS DE LA FRANCE
CONTENANT 95 CARTES TIRÉES EN QUATRE COULEURS
(1 carte générale de France, 89 cartes départementales, 1 carte de l'Algérie, 4 des colonies)
ET 94 NOTICES GÉOGRAPHIQUES ET STATISTIQUES

1 volume in-folio, cartonné, 40 fr.

PARIS. — IMP. SIMON RAÇON ET COMP., RUE D'ERFURTH, 1.

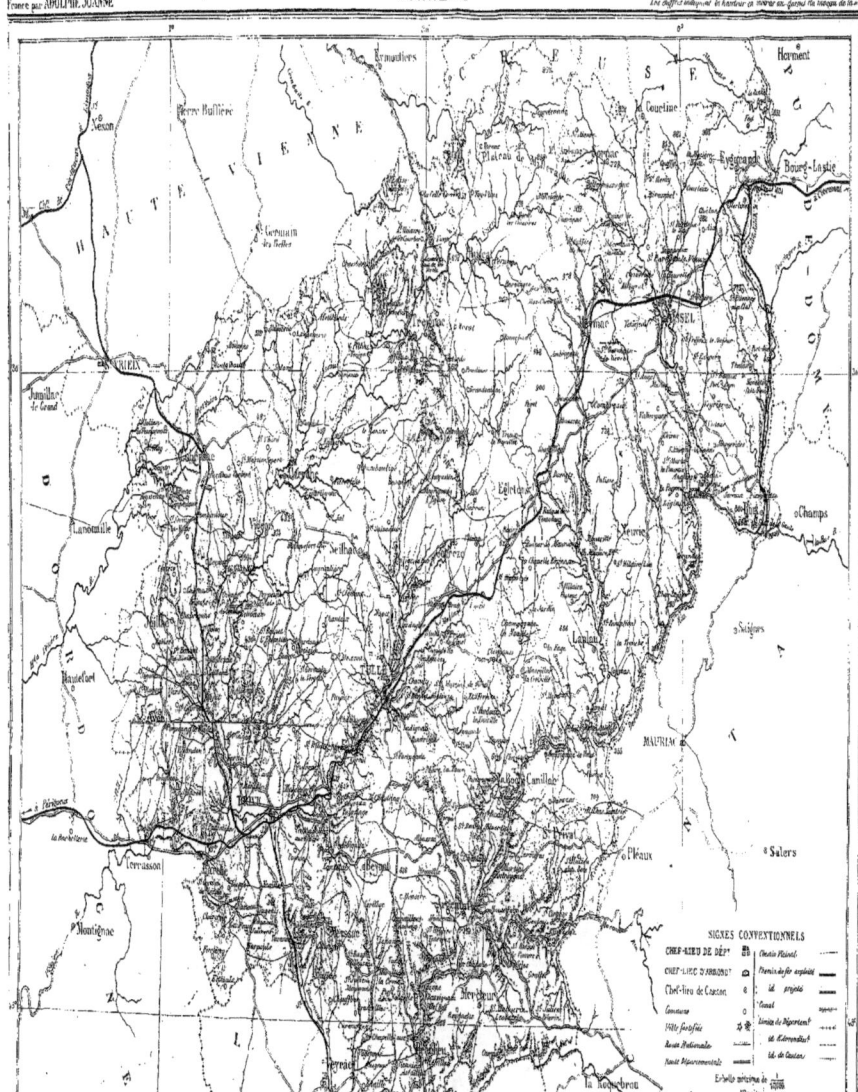

PARIS. — IMP. SIMON RAÇON ET COMP., RUE D'ERFURTH, 1.